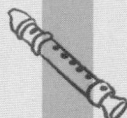

这样做，成为学习高手

罗利娜◎著　　李一婧◎绘

北京科学技术出版社
100层童书馆

图书在版编目（CIP）数据

这样做，成为学习高手 / 罗利娜著；李一婧绘 . —北京：北京科学技术出版社, 2023.11
ISBN 978-7-5714-3193-8

Ⅰ . ①这… Ⅱ . ①罗… ②李… Ⅲ . ①小学生 – 学习方法 – 少儿读物 Ⅳ . ① G622.46-49

中国国家版本馆 CIP 数据核字 (2023) 第 150504 号

策划编辑：闫泽群
责任编辑：付改兰
图文制作：天露霖文化
责任印制：李　茗
出 版 人：曾庆宇
出版发行：北京科学技术出版社
社　　址：北京西直门南大街 16 号
邮政编码：100035
电　　话：0086-10-66135495（总编室）　0086-10-66113227（发行部）
网　　址：www.bkydw.cn
印　　刷：北京宝隆世纪印刷有限公司
开　　本：710 mm × 1000 mm　1/16
字　　数：109 千字
印　　张：8.75
版　　次：2023 年 11 月第 1 版
印　　次：2023 年 11 月第 1 次印刷
ISBN 978-7-5714-3193-8

定　　价：47.50 元

目录

5分钟又干不了什么

起床啦！

我再睡5分钟！

5分钟到了，要迟到了！

让我再睡5分钟，不差这5分钟！

……

糟糕！

不好了！

要迟到了！

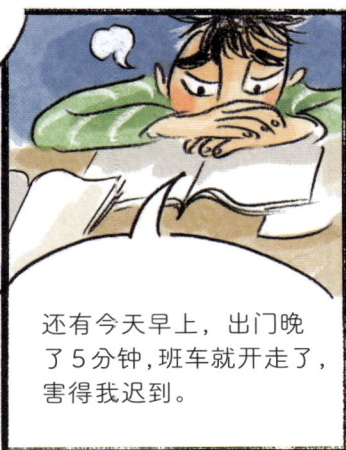

时间的奥秘

时间每时每刻都在流动，一不留神它就过去了，像火箭一样快。一不留神，课间就结束了；一不留神，就该睡觉了；一不留神，一学期就过去了；一不留神，我们就长大了。你是不是总觉得时间不知不觉就溜走了？

超快!

超快!

血液循环

1 秒钟可以发生什么事?

- 光走了 30 万千米；
- 声音走了 340 米；
- 地球围绕太阳公转了 30 千米。

1 分钟可以发生什么事?

- 血液在人体里循环了 3 次；
- 高铁"复兴号"前进了 5833 米；
- 9 亿多吨水从地球表面蒸发。

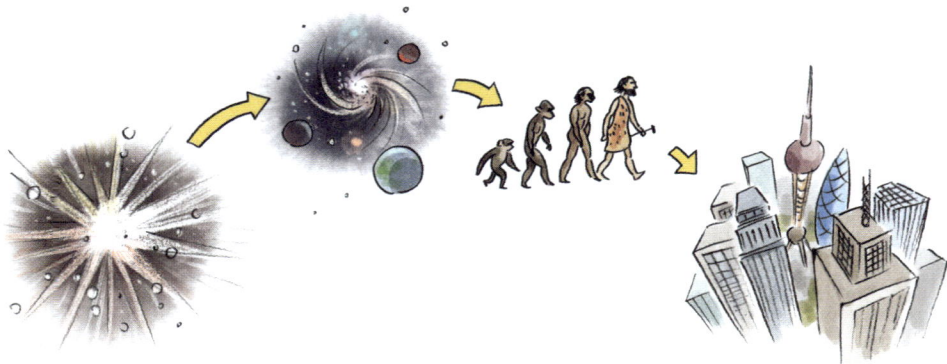

你看，哪怕在 1 分钟、1 秒钟这么短的时间内，都可以发生很多事情。人类文明是从宇宙大爆炸开始，在一分一秒过去的时间中累积起来的。几分、几秒的碎片时间单独看很短暂，我们做不了什么，但是只要充分利用这些时间，我们就会过得很充实。

5 分钟里我们可以做什么?

　　每个 5 分钟里有 5 个 1 分钟，每个 1 分钟里有 60 个 1 秒钟。如果你总觉得时间不够用，不如从珍惜每一个 5 分钟开始。

5 分钟里竟然可以做这么多事情!

5分钟 =

可以在早晨安静地吃完一片面包、一个鸡蛋，再喝一杯热牛奶。

可以刷完牙，洗完脸。

可以在课间上完厕所，再回到教室把下节课要用的课本和文具准备好。

或

可以看 2 页小说（如果是看漫画，那可以看 4 页!）。

珍惜每一个 5 分钟

时间不是树上结出来的果子，不会从天而降砸到我们头上。我们不会比别人拥有更多时间。不过，如果能高效地利用每一个 5 分钟，我们就相当于比别人多出了更多的时间。

怎样才能高效地利用时间呢？

洗澡的时候可以大声背英语字母或单词。

坐校车时，可以背诵古诗。

每天早起 5 分钟，可以从容地吃早饭。

放学后，可以利用吃饭前的 5 分钟整理书桌，为做作业做好准备。

练习：你还想到了哪些可以帮助你提高效率的方法呢？把它们写下来吧！

现在！立刻！马上！

说好每天一起练习演讲的，你今天不会又不参加吧？

我……我的演讲稿还没写好，明天再说吧。

你总说明天再说，还有两天就要比赛了！

哎呀，就差结尾了，今天一定能写完！

喂！……

大家好，我叫学义。

不想了，我先看会儿电视，找找灵感。

一小时后

我今天演讲的题目是"水资源的保护"……

工厂要用水，农民伯伯要用水，我们每天洗澡也要用水……后面要怎么写啊？

又 1 小时后

又、又 1 小时后

来不及了，不如先写演讲稿吧。我演讲的题目是"水资源的保护"……

水……

妈妈洗的水果还没有吃。

我先去吃水果。

桃子水分真足，想上厕所了。

有点儿渴了。

又、又、又1小时后

怎么办？

我真的做不完了！

9

拖延是因为恐惧

你是不是也和学义一样，明明有一堆任务，但总是拖延着不肯做，任由任务堆积如山。拖延的背后其实是恐惧。下面这些原因是否也是你拖延的原因？

如果我写不出精彩的稿子，该怎么办呀？

1 害怕失败。

这些作业，你今晚全都要完成！

后天就要上场比赛了！

救命！

如果我说错话，会不会被嘲笑啊？

2 害怕付出很多但没有获得好结果。

3 害怕做不完，索性就不做了。

今天做完，明天还要做，什么时候是个头啊？

4 害怕做完一件事还有下一件事，没完没了。

克服拖延就是克服恐惧

所以，要克服拖延，先要克服恐惧。其实，你担心的事情根本没有那么可怕。不信的话，先来问自己两个问题。

问题 1: 如果拖着不做这件事，结果是什么？

不写作业不会让作业消失不见。这一晚，无论你在做什么，你大脑里都有一个声音："哦，我得做作业。"它甚至会令你在睡梦中都不能安心。第二天，老师可能还会批评你。妈妈知道后，可能接下来一星期都不会让你看动画片！最惨的是第二天你很可能还是得把作业补完。

拖延不会让你变得擅长演讲。你练习得越少，就越不能熟练地演讲。越是这样，你所害怕的那些演讲时出丑的情况，就越容易发生。

大叫好，我叫水义。

问题 2: 如果现在立刻开始做这件事，结果是什么？

如果立刻准备演讲稿，我会有更多时间修改和练习，演讲的效果也会更好。

如果马上写完作业，剩余的时间我就能做自己喜欢的事。

看到了吗？立刻开始做，不会有任何更坏的结果！

现在就行动吧!

　　看到这里,你是不是想立刻行动起来呢? 先别急,行动也是讲方法的。下面这 4 个秘诀,可以让你将任务完成得又快又好!

1 将大任务分解成若干小任务

你如果觉得任务太复杂,不知道从哪里开始,不妨先把大任务分解成几项小任务。

2 利用番茄钟,不给恐惧留时间

设定你的番茄钟(比如 25 分钟),在这段时间里,你要专注地完成任务,不吃水果,不上厕所,更不玩玩具!

哇,我已经写了这么多了!

3 念出魔法咒语:我搞定啦!

每完成一项任务,你就大声念出这句魔法咒语。这样做不仅可以舒缓你的压力,还会让你感到非常自豪,让你有成就感。

4 奖励自己

给予适当的奖励就是给你自己"充电",可以让你做事更有动力。

我得了第三名,我们一起庆祝一下吧!

　　每个人都难免拖延,就算爸爸妈妈偶尔也会拖延。所以,如果发现自己又开始拖延了,千万不要否定自己,只要按照上面说的来做就好啦!

到底先做哪件事?

我回来啦!

哇,是最新款的拼插玩具!

新款

上次的演讲比赛你表现得很好,这是给你的奖励。

谢谢妈妈!

哈哈,我今天就能拼好!

对了,明天老师要检查课文背诵,我还是先背一背吧。

下周一还要考数学,也要复习一下。

吃饭啦!

来啦!

学期末就要跳绳测试了,你现在还不会跳呢,这可怎么办呀?

好啦,好啦,吃完饭我就去练嘛。

跳绳哪是一下子就能学会的呀。

9点了!我还没背课文呢,怎么办呀?

时间管理的四象限法则

学义之所以烦恼，是因为他每天都有很多事情需要做，但好像每件事都很重要，每件事都需要马上做，最后他哪一件都没做好。

怎么确定哪些事情要先做呢？四象限法则来帮你！你可以按照是否重要和是否紧急，把要做的事情分类。

	紧急	不紧急
重要	做第二天要交的作业、为了应对第二天的考试而复习 第一象限	准备下周的期末考试、完成每天的阅读任务 第二象限
不重要	看即将播出的动画片、看马上就要开始的比赛直播 第三象限	下楼和朋友玩、吃水果、玩玩具 第四象限

15

什么是重要，什么是紧急？

　　四象限法则看起来很复杂，其实使用它的时候只需重点关注什么是重要的事、什么是紧急的事就好。我们不需要把一天当中的所有事情都分类。

　　每个人都有自己的责任。对小学生来说，学习、锻炼身体、做家务等，都是很重要的事情；而那些即将发生、错过就无法重来的事情，比如准备第二天的考试或两天后的演讲等，就是紧急的事情。

　　当天没完成作业，第二天就跟不上课堂教学进度。做作业就是需要当天完成的事情，也就是重要且紧急的事情。

　　而整理错题、晨读、阅读课外书等虽然不那么紧急，却需要长期坚持下去。这些就是不紧急但是很重要的事情。

　　练习：想一想，下面这些重要的事情，哪些属于第一象限，哪些属于第二象限？

完成家庭作业　准备明天的考试　准备 60 天后的期末考试　晨读　练字
整理书包　整理错题　预习　锻炼身体　复习

	紧急	不紧急
重要	第一象限	第二象限

重要的事情要先做！

四象限法则看似复杂，其实可以概括为一句话：重要的事情要先做！如果每天多努力一点点，先做重要的事情，坚持一整年，我们就会有飞跃式进步；要是每天懈怠一点点，那么一年后，我们会发现自己还在原地打转。

试试用计算器做这样一道数学题：

$$1.01 \times 1.01 \times \cdots\cdots \times 1.01 \text{ (共 365 个)} = 37.8$$

$$1.01^{365} = 37.8$$

$$0.99^{365} = 0.03$$

我要变成高效的学生！

所以，我们只要坚持做重要的事情，就会一点点进步。如果再用上科学的时间管理法，那么我们不仅可以避免拖拉、慌乱，使学习更高效，还能让自己进步得更快！

学会做计划

如何运用 SMART 原则做计划?

　　学义计划每天学一小时英语,这个计划听起来很清晰,但是他在执行时会面临很多问题。比如:这一小时学什么内容呢?这个计划要坚持多久、要达到什么样的效果呢?……合理的计划,需要符合 SMART 原则。

Specific 具体的

Measurable 可量化的

Achievable 可完成的

Relevant 相关的

Timely 及时的

合理的计划就要包含 S、M、A、R、T 这 5 个方面。

S 指"具体的"，就是要有一个具体的目标。"我要学好英语"是一个抽象的目标，而"我把这学期要求背诵的所有课文都背下来"就是一个相对具体的目标。

M 指"可量化的"。假设一个学期一共有 20 篇要求背诵的课文，这样算下来，其实每个星期只要背一篇课文就可以了，每天只要一小时就够了。

我决定了，这个星期要背完 5 篇课文！

这样就违背了 A 代表的"可完成的"原则。一周背 5 篇课文非常难实现。你如果完不成，可能会丧失信心。

快乐学习确实很重要。我还可以看英文电影来学习。

R 指"相关的"，说的就是这一点。如果你的目标是"背下所有课文"，那么看英文电影对实现这个目标就没有帮助。也就是说，你不能用看英文电影来代替背课文。别想偷懒！

被发现了……

最后，T指"及时的"。如果你计划用一个学期时间完成 20 篇课文的背诵，那么背完一篇课文需要的时间是一个星期。为了完成背诵这一篇课文的任务，你可以将任务拆分开来。

第一天，抄写并背诵全部生词；
第二天，熟练朗读全文；
第三天，试着听写全文；
第四天，大致背诵全文；
第五天，精确背诵全文；
第六天和第七天，复习前面背过的内容。

哇，元杰，你太厉害了！我知道该怎么做了！

让坚持成为习惯。

记得定期复盘

元杰，你也是这么学英语的吗？

嗯。一开始，我英语也不好。按照这样的计划学习一学期后，我的英语水平确实有了提高。第二个学期，我发现每天只要用半小时，我就能完成同样的英语学习计划了。

于是你决定每周背两篇课文吗？

如果严格按计划执行，课文早晚会背会的，何必提前呢？英语水平提高后，我发现课本之外的英文读物很有意思，所以我决定将每天多出来的 30 分钟时间用于读英文书。我计划一学期读完 10 本英文书。

10 本书也太多了吧！
让我猜猜你是怎么做计划的。10 本英文书，大约有 1200 页，一学期大约有 120 天，那么每天只需要读 10 页。看来也没那么难。

没错。只要严格遵循 SMART 原则，并且根据实际完成情况定期复盘，你一定可以学好英语！

学会分解任务

我来和你一起写作业啦!

我有好多不会的题,估计一会儿又得麻烦你教我。

没关系,你哪里不会问我就行。

上学期的数学就没学明白,这学期又教了新内容,怎么办啊……

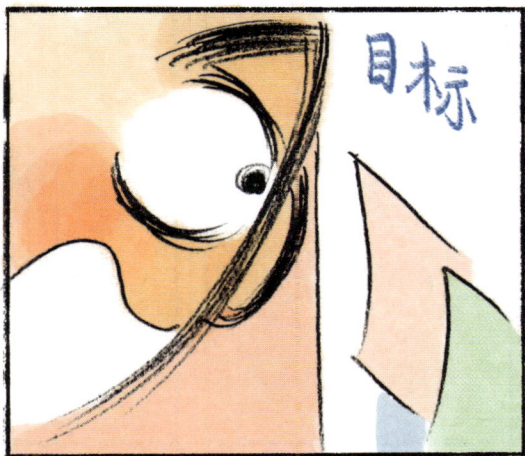

有目标才有努力的方向呀。要不你也定一个目标吧。

我的学习目标定什么好呢？期末考试全部科目都拿 A？

想想也不可能啊。

如果把所有玩耍的时间都用来学习，就能每科拿 A 啦！

啊？那还是算了吧……

哈哈哈，逗你的，哪能一口吃成个胖子呀。

怎么确定学习目标?

　　如果学义把所有玩耍的时间都用来学习，那他即使每科都拿 A，也会因为疲惫而痛苦；如果学义把英语学习目标定为期末考试成绩保持在 B，他就不需要做额外的努力了。所以，目标不能过高也不能过低。我们可以从下面这两点出发，合理地确定学习目标。

　　（1）回顾自己的学习情况，查漏补缺。

　　（2）总结自己的学习特点，扬长避短。

采用目标分解法，使任务变简单

如果把目标比作一座山，那么实现目标的过程就是爬山。再高的山，一步一步爬，肯定能登顶。同样的道理，只要把大目标分解成小目标，再一步一步去完成，大目标肯定会实现。

将目标步骤化、阶段化的方法，就叫作目标分解法。我们可以把复杂而抽象的目标分解成一个个具体的、可实现的小目标，然后逐个完成。这里有两个方法可以帮助我们分解目标。

方法1：倒推法

从剩下的时间反推出每天该做的事。适用于有时间限制的任务，比如参加考试、参加比赛等。

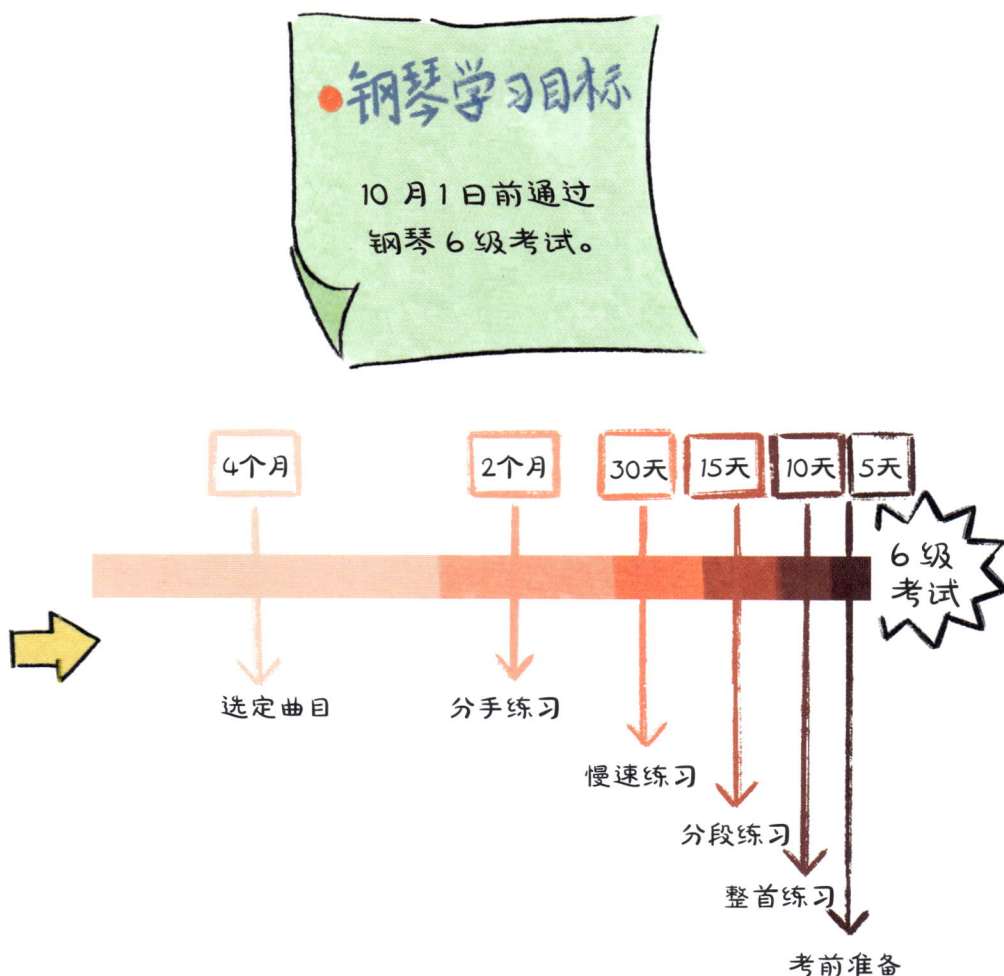

● 钢琴学习目标

10 月 1 日前通过钢琴 6 级考试。

| 4个月 | 2个月 | 30天 | 15天 | 10天 | 5天 | 6级考试 |

选定曲目

分手练习

慢速练习

分段练习

整首练习

考前准备

方法 2：目标多杈树分解法

　　如果我们定的是无法运用倒推法分解的复杂目标，比如提高作文成绩，那么，像画画一样好玩的目标多杈树分解法可以帮到我们。

　　我们可以画一棵大树，树干代表大目标，树枝代表由大目标分解而来的小目标（需要努力的方向），树叶代表即时目标（具体要做的事）。只要把小目标和即时目标都完成了，我们就能实现看似困难的大目标。

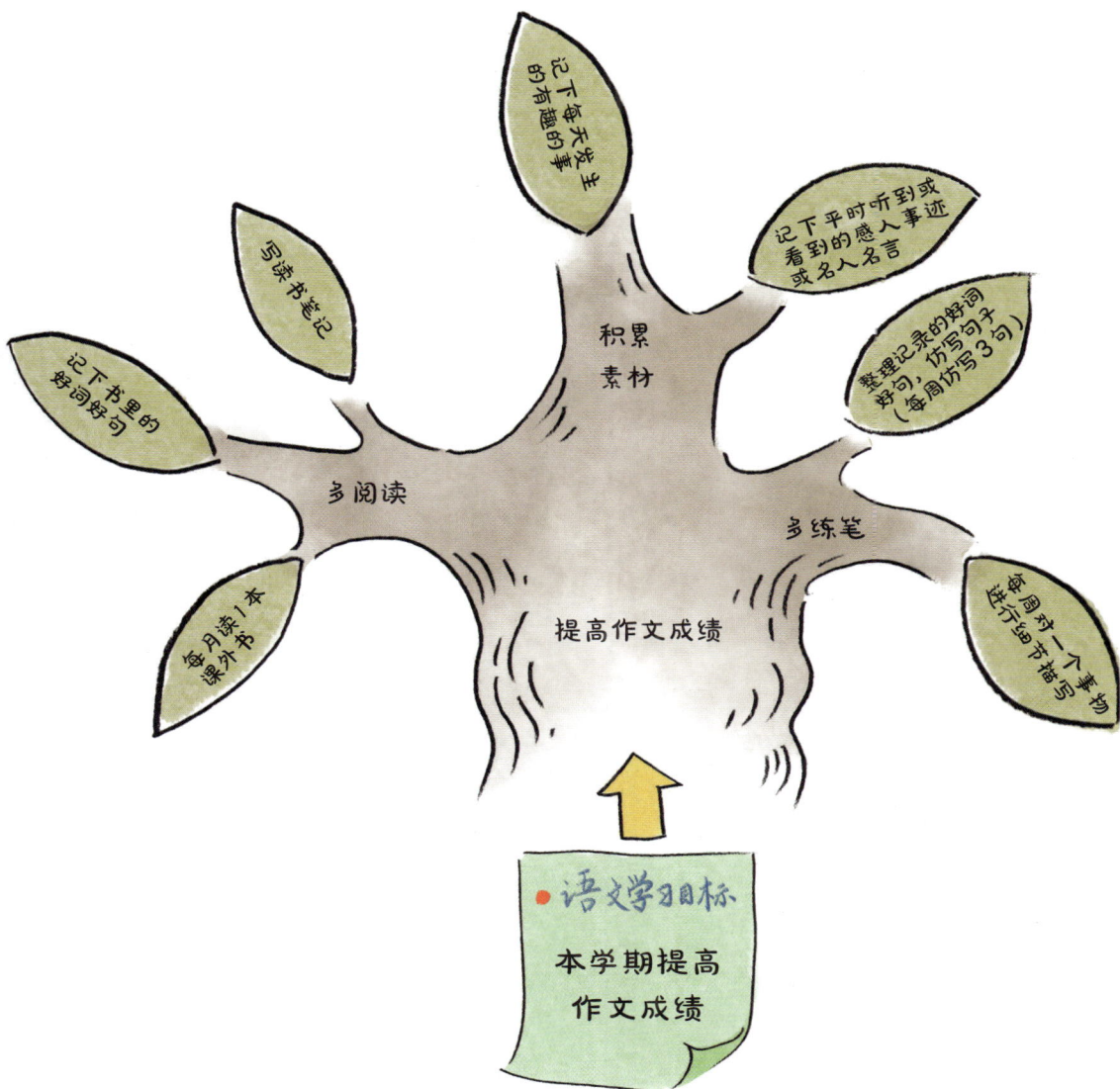

记下每天发生的有趣的事

写读书笔记

记下平时听到或看到的感人事迹或名人名言

积累素材

整理记录的好词好句，仿写句子（每周仿写 3 句）

记下书里的好词好句

多阅读

多练笔

每月读 1 本课外书

提高作文成绩

每周对一个事物进行细节描写

●语文学习目标
本学期提高作文成绩

　　最后要记住，设定目标可不是把目标写出来了就行了。每天晚上要看一下当天的计划是不是全都完成了，没完成的话要问问自己为什么：是因为效率低，还是因为计划不合理？只有不断进步，目标才会变成我们的动力而非压力。

我要成为怎样的人？

丁零零——丁零零——

快去看消防演习！

我以后也要当消防员！像他们那样勇敢！

那你的大肚子可要减下去哟！

我更喜欢像梅西那样在球场上光芒四射！

你呢，你以后想做什么？

我想当舞蹈演员，可是我妈妈说这个职业太不稳定了，不如做舞蹈老师……

你以后肯定会当科学家吧？我妈就想让我当科学家。

我确实想当科学家，但是又怕天天待在实验室里太单调了。

快看，消防犬上场了！好威猛啊！

梦琪，你以后想做什么啊？

我还没想过……不过，我对那些救助流浪动物的志愿者很有好感，觉得他们很善良，很有爱心，我希望自己以后也像他们那样。

那你就做一个善良的人吧！

成为自己想成为的人

你想成为怎样的人？这个问题的答案不仅包括你想从事的职业，也包括你想拥有的品格，比如机智、坚强、勇敢、善良、幽默等，还包括你想过哪种生活，比如自由的、稳定的、刺激的……无论你将来从事哪种职业，你都有可能拥有理想的品格和生活方式。

所以，你可以从更多的维度去思考自己的未来。按照以下这4个步骤做，你就有可能成为你想要成为的人。

1 确定自己想成为哪种人

明星、运动员或亲戚朋友中，有谁让你感到钦佩？他们有什么技能和品格？他们取得了什么成就？想明白这些，你才能确定自己想成为什么样的人。注意，你要确定的是你想成为的人，而非别人想要你成为的人。

2 制订行动计划

　　将自己与想成为的人对比并分析，看看差距有多大。然后，以此为依据制订行动计划。比如，你想成为消防员，那么你就需要制订体能训练计划。

3 认真执行计划

　　在执行计划的过程中，你收获的坚韧、勤奋等品质，会让你终身受益。

4 掌握多元化技能

　　多元化技能可以为你的梦想助力。比如，如果你想成为科学家，你可以同时学习写作、绘画或摄影等技能，这样可以将你的研究成果画成漫画、拍成视频，让更多人了解。

　　也许随着时间的推移，你的目标会改变，这无关紧要。成长是动态的，你只要保持头脑清醒并为未来做好计划，不管走哪条路，你都能过上幸福的生活。

记忆的本质是什么？

昨晚我明明把课文背下来了，可今天课堂上老师提问时我又忘了。其实我记忆力挺好的，10分钟就背下来了，怎么就忘了呢？

记忆的本质是连接。记忆力好不仅指记得快，还指记得牢。

连接？

就像交朋友一样。有人能和新认识的人很快成为好朋友，但几个月都不联系的话，他们可能连彼此的名字都记不住了。

对哦，上个月我在游乐场里认识了一个新朋友，当时我们玩得可好了，但我现在已经想不起他长什么样了。

这是因为你们之间的连接不够紧密，时间长了，连接就断了。

但是，换成是我，即使一年不见，你也会记得我吧？

就算 10 年不见，我也忘不了你的脸！

知识也是一样的。你要是看到什么就记住什么，你的大脑就会像一团乱麻。

是啊，光车牌号我一天就能看到1000个，都记住也太可怕了。

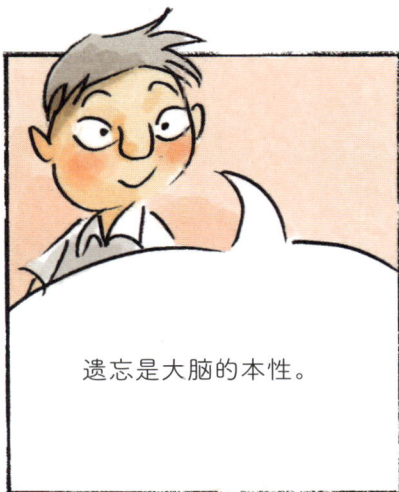

遗忘是大脑的本性。

当你学习了知识，大脑会先把它们放在架子上，等你需要用的时候就拿出来。可是，如果你一直不用这些知识，大脑就会把它们打包收起来，好给新知识腾空间。而被收起来的旧知识就是被遗忘了的知识。

学义的大脑仓储部

新知识

新知识

新知识

新知识

旧知识

旧知识

原来大脑会一边学习，一边遗忘啊……那我学习不是白费功夫吗？反正学到的都会忘掉。

有些知识可能确实被忘掉了，而有些知识只是暂时被收起来了，你还是可以把它们找回来。

比如你刚才背的那首诗，虽然背到中间你忘记了，但是老师一提醒，你不是马上就接着背下来了吗？

葡萄美酒夜光杯，欲饮琵琶马上催。醉卧……

醉卧沙场君莫笑，古来征战几人回。

在这里！

对啊，我也没有完全忘光。

所以我们需要反复地复习呀。有些古诗你是不是已经不用思考就能脱口而出了呢？

"床前明月光"下一句是什么？

第5排第8列，"疑是地上霜"。

艾宾浩斯遗忘曲线

遗忘的速度并不是恒定的，它最初很快，后来反而会逐渐慢下来。经过相当长的时间后，大脑几乎不再遗忘，但最初记下来的知识也所剩无几了。德国心理学家艾宾浩斯发现了遗忘的规律并绘制了遗忘曲线。

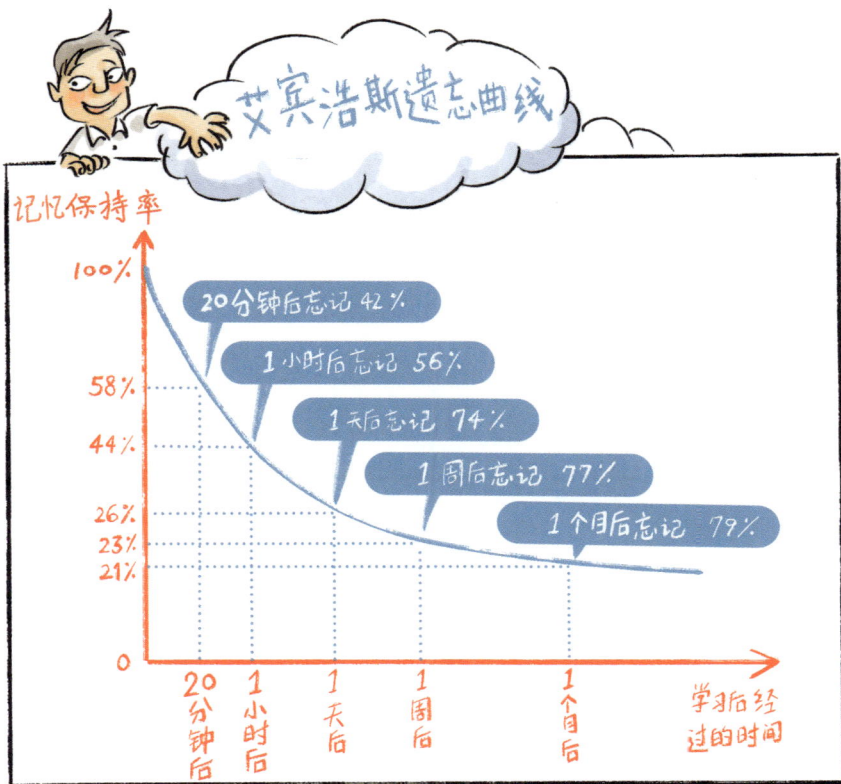

虽然我们会遗忘，但是只要运用科学的方法重复学习知识，我们就能最大限度地把知识记牢，因为重复的本质就是强化连接。大脑认为重复学习的知识是重要的知识。时间长了，大脑就会把这些知识单独放在一个地方，再也不会把它们收起来了。

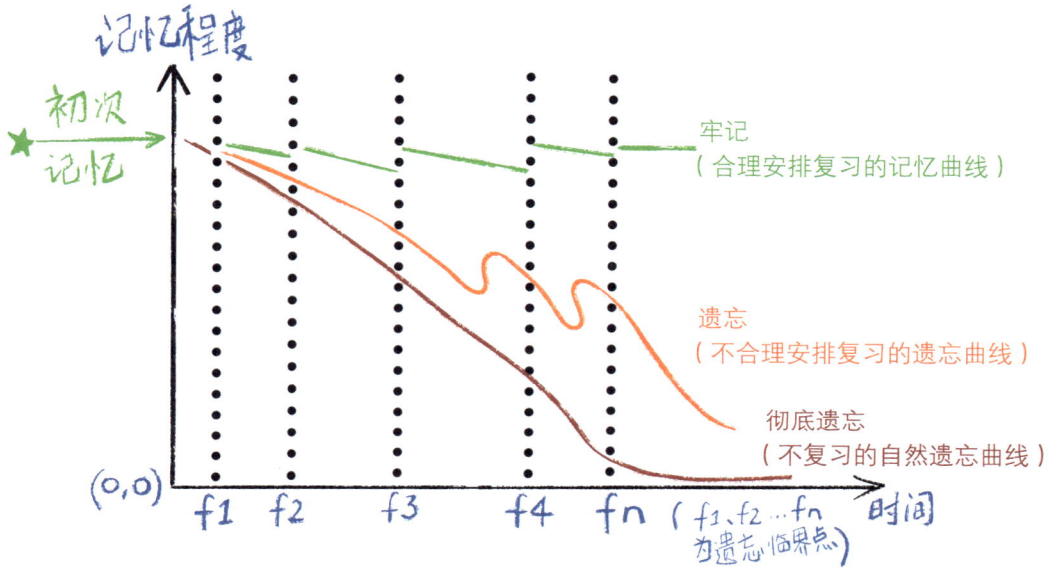

重复的力量

医生在正式上手术台做手术之前，要进行很多次模拟训练。只有这样，他们在病人出现紧急情况时才不会手忙脚乱。飞行员在真正驾驶飞机之前，要在模拟驾驶舱中进行无数次操作练习。只有这样，他们真正驾驶飞机时才能从容面对各种突发状况。

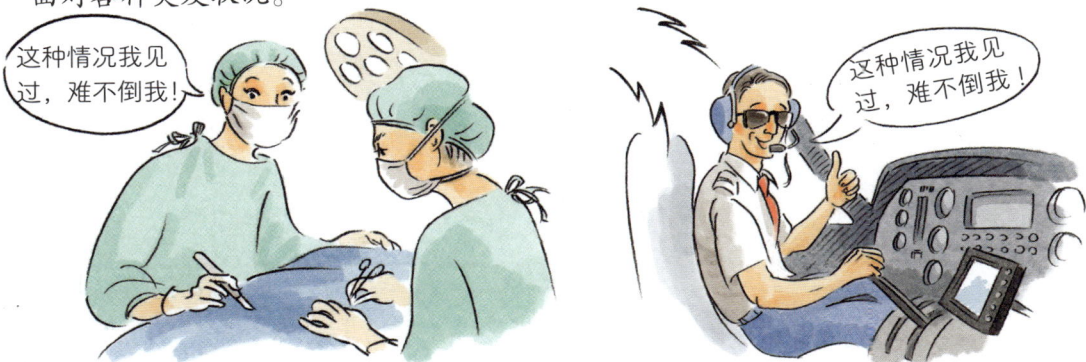

这种情况我见过，难不倒我！

这种情况我见过，难不倒我！

同理，我们在学到一些新知识后，也需要找来包含这些知识的题目进行反复练习。只有这样，我们才能将新旧知识结合起来，将理论与实践结合起来。只有不断回顾、练习、自测，强化大脑读取这些知识的神经回路，学到的知识才会在脑子里随时待命，等需要用的时候才能及时被调取出来。

记单词就是这样，它也是让很多人都头疼的事情。请你根据艾宾浩斯遗忘曲线，参考下面的表格，制订你的学习计划吧。

星期	序号	学习日期	学习内容	短期记忆复习周期（复习后打钩）			长期记忆复习周期（复习后打钩）							
				5分钟	30分钟	12小时	1天	2天	4天	7天	15天	1个月	3个月	6个月
星期一	1	月 日	《江南》汉乐府	1	1	1	–	–	–	–	–	–	–	–
星期二	2	月 日	《长歌行》汉乐府	2	2	2	1	–	–	–	–	–	–	–
星期三	3	月 日	《敕勒歌》北朝民歌	3	3	3	2	1	–	–	–	–	–	–
星期四	4	月 日	《咏鹅》骆宾王	4	4	4	3	2	–	–	–	–	–	–
星期五	5	月 日	《风》李峤	5	5	5	4	3	1	–	–	–	–	–
星期六	6	月 日	《咏柳》贺知章	6	6	6	5	4	2	–	–	–	–	–
星期日	7	月 日	《回乡偶书》贺知章	7	7	7	6	5	3	–	–	–	–	–
星期一	8	月 日	《登鹳雀楼》王之涣	8	8	8	7	6	4	1	–	–	–	–
星期二	9	月 日	《凉州词》王之涣	9	9	9	8	7	5	2	–	–	–	–
星期三	10	月 日	《春晓》孟浩然	10	10	10	9	8	6	3	–	–	–	–
星期四	11	月 日	《凉州词》王翰	11	11	11	10	9	7	4	–	–	–	–
星期五	12	月 日	《出塞》王昌龄	12	12	12	11	10	8	5	–	–	–	–
星期六	13	月 日	《芙蓉楼送辛渐》王昌龄	13	13	13	12	11	9	6	–	–	–	–
星期日	14	月 日	《鹿柴》王维	14	14	14	13	12	10	7	–	–	–	–
星期一	15	月 日	《送元二使安西》王维	15	15	15	14	13	11	8	–	–	–	–
星期二	16	月 日	《静夜思》李白	16	16	16	15	14	12	9	1	–	–	–
……														

神奇的图

思维导图

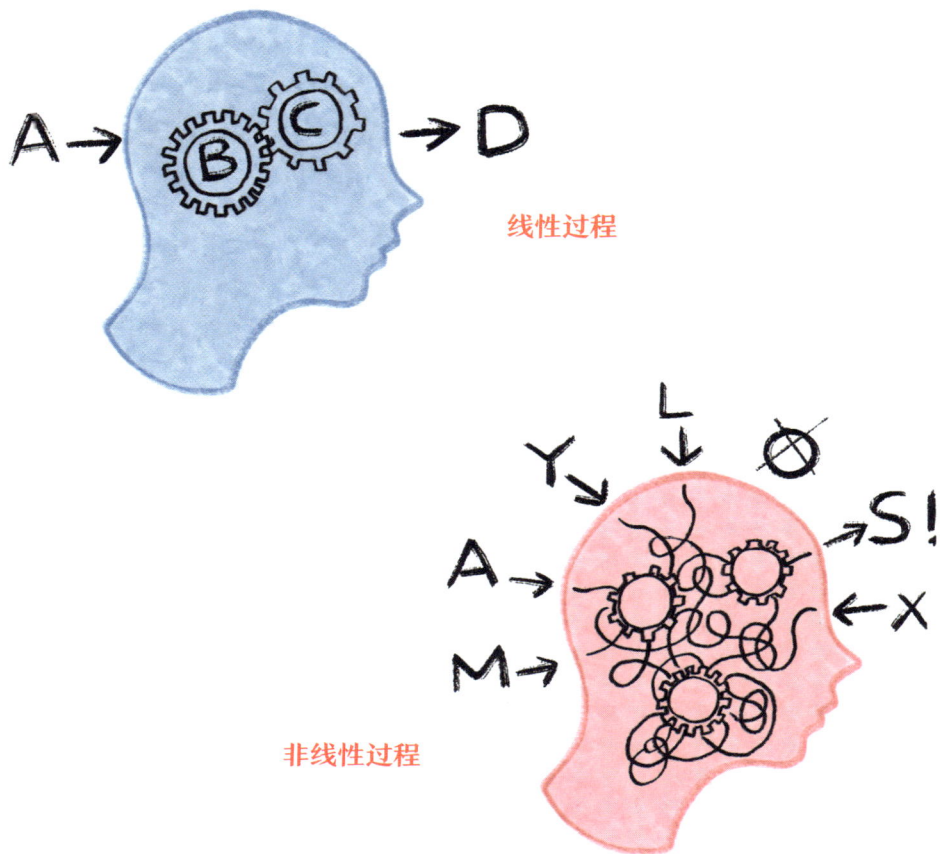

线性过程

非线性过程

　　思维导图是一种表达发散性思维的特别简单、有效的图形思维工具。简单来说，画思维导图的过程就是把书本上的知识点或者我们的想法按一定的逻辑画出来，最终让复杂的知识显得简单、具体。在这个过程中，手、眼、脑多个器官一起工作，记忆自然会更深刻。将思维导图运用到学习上能够提高学习效率。让我们来看几种简单的思维导图吧！

呈现事物构成——气泡图

　　气泡图通过将事物拆开分析，能够揭示事物整体与部分的关系，呈现事物的微观构成，使事物显得简单、具体。

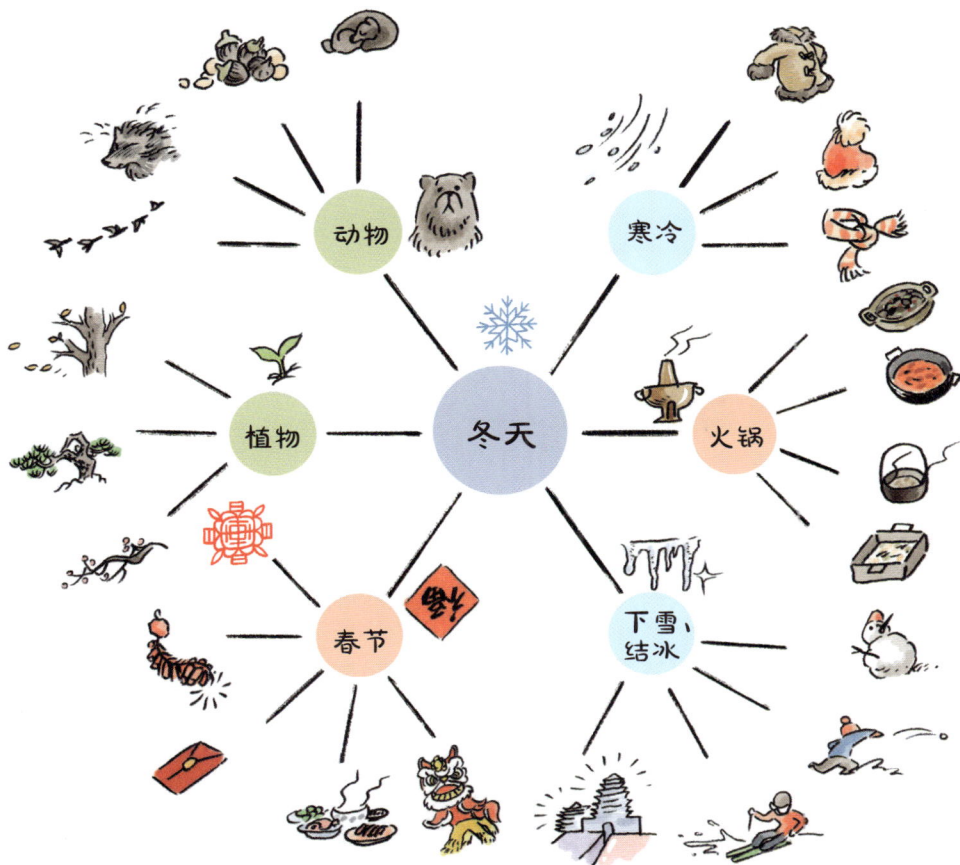

对比找异同——双气泡图

要比较两个事物（或概念）时，我们可以用双气泡图。先画两个大气泡，把要比较的两个事物分别放进去。然后，在大气泡周围画一些小气泡，把两个事物的相同点写在中间，把它们的不同点写在旁边。

前两天我看了一本书，书上说人和猴子有共同的祖先！人和猴子到底有什么关系呢？

我们画一幅双气泡图来看一下吧。

人和猴子的相同点

人和猴子的不同点

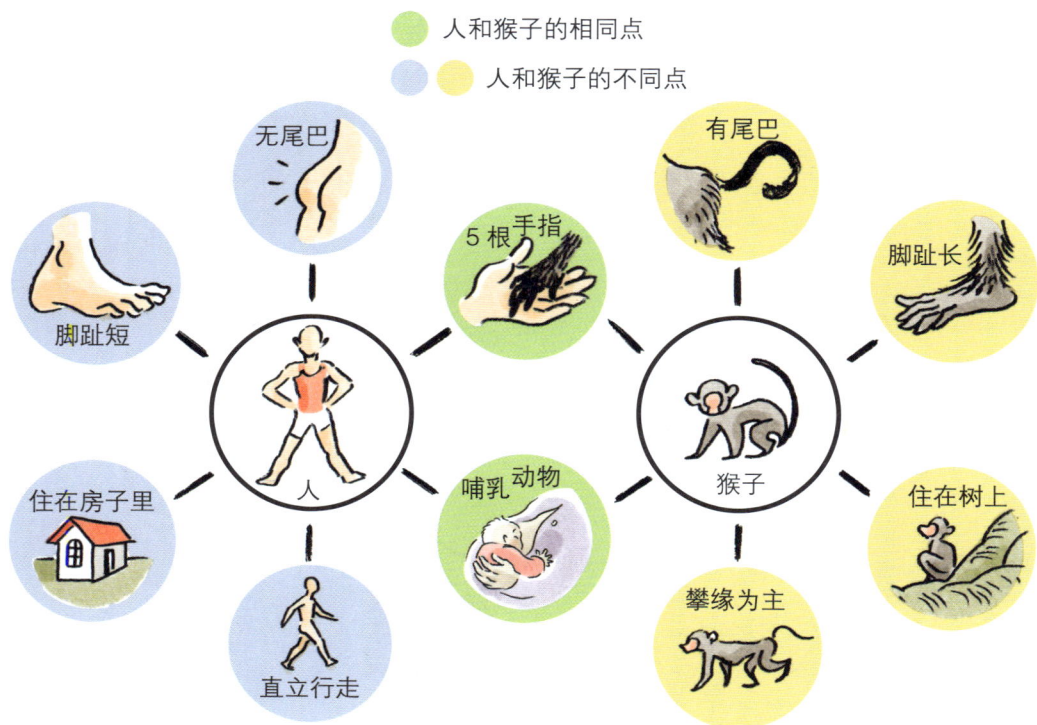

无尾巴

脚趾短

住在房子里

人

直立行走

5根手指

哺乳动物

有尾巴

脚趾长

猴子

住在树上

攀缘为主

说明次序或过程——流程图

　　要想增强阅读理解能力，提升表达能力，我们可以画流程图。画流程图就是将事情按照发生、发展的顺序一步步记录下来。流程图就像一列小火车，小火车的车厢一节一节连接在一起。比如我们读完《卖火柴的小女孩》，就可以根据小女孩划火柴的顺序画一幅流程图，这样整个故事的框架就非常清晰了。

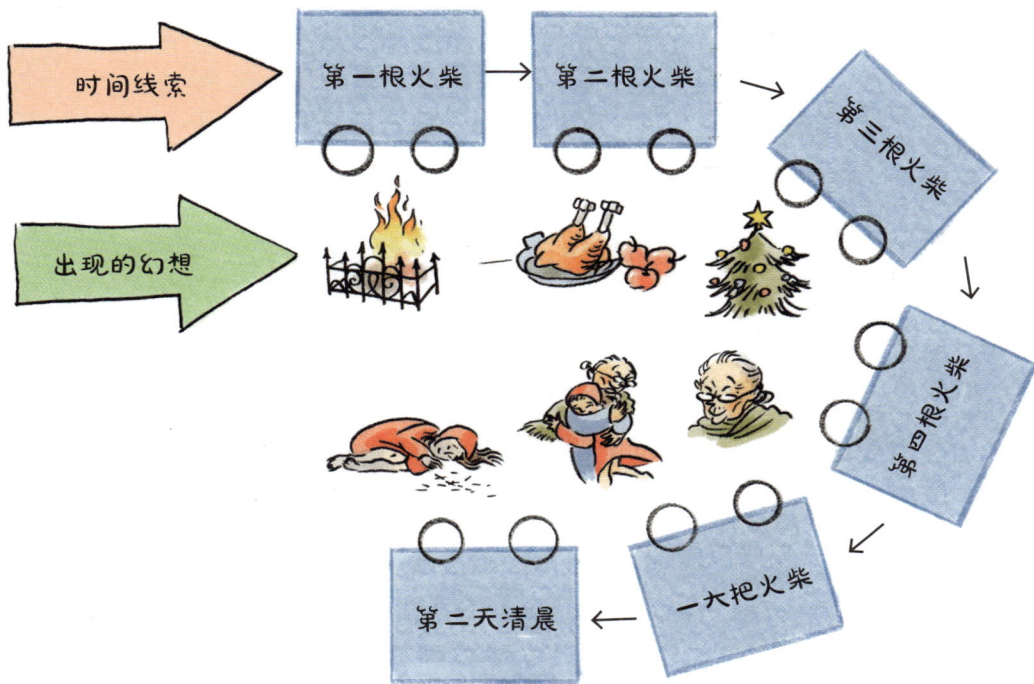

记忆力的 3 个好伙伴

嗝——

你怎么啦?

拉我一把,我撑得起不来了。

听说吃好饭可以增强记忆力,我早上吃了好多。

让你吃好,可没让你吃撑啊。

呸

你这么想增强记忆力,不如我给你介绍一下记忆力的 3 个好伙伴吧。

记忆力的第一个好伙伴：图像

我们的大脑中处理文字信息的区域叫文字脑，处理图像信息的区域叫图像脑。你有没有发现？看完一本小说，我们很难复述它的全部内容；但是看完一部电影，我们却能把它的大部分内容都复述出来。这是因为在看电影时，我们接收到的信息是以"文字＋图像"的形式呈现的，在处理这些信息时，我们的文字脑和图像脑协同工作，所以对信息的处理更高效。

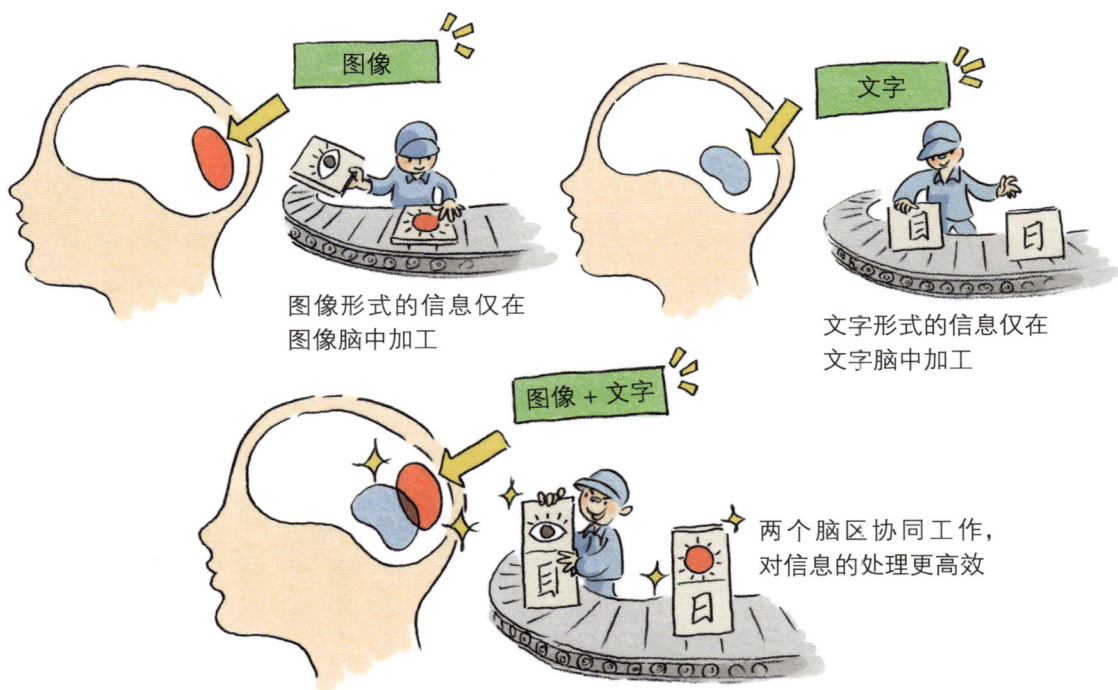

图像

图像形式的信息仅在
图像脑中加工

文字

文字形式的信息仅在
文字脑中加工

图像＋文字

两个脑区协同工作，
对信息的处理更高效

所以，我们在背古诗或课文时，不妨先将全篇通读一遍，在脑海中形成画面，并把这些画面画出来，这样能加深记忆。

两个黄鹂鸣翠柳，
一行白鹭上青天。
窗含西岭千秋雪，
门泊东吴万里船。

记忆力的第二个好伙伴：联系

日常生活中，我们学到了很多碎片知识，但这些知识很容易被遗忘。当这些碎片知识被联系起来，形成知识网络后，它们就会因"团结"的力量而被大脑记牢。

比如，唐朝诗人李白的名字如雷贯耳，你一定背过他的很多诗吧？我们如果能把这些诗跟他的生平联系起来，那么不仅能了解他的一生，也能将这些诗背得更熟。

① "渡远荆门外，来从楚国游。山随平野尽，江入大荒流。月下飞天镜，云生结海楼。仍怜故乡水，万里送行舟。"青年李白离开自己的家乡，开始远游。当他来到荆门后，这里的景色吸引了他，同时也勾起了他的思乡之情。

④ "行路难，行路难，多歧路，今安在？长风破浪会有时，直挂云帆济沧海。"李白不满足于写诗作赋的生活，不断给唐玄宗上书，劝皇帝不要沉迷享乐、荒废朝政，因此惹恼了唐玄宗。被赶出长安的李白写下了这首诗。这首诗既表达了他心中的悲愤，又展现了他博大的胸襟。

⑤ "朝辞白帝彩云间，千里江陵一日还。两岸猿声啼不住，轻舟已过万重山。"李白被贬出京后，安史之乱爆发，唐玄宗也被迫逃到蜀中。李白投入了唐玄宗的儿子永王的麾下。不料永王后来疑似谋反，李白也因此获罪。李白路过白帝城的时候，突然收到大赦天下的消息，他欣喜欲狂，写下了这首诗。

② "仰天大笑出门去，我辈岂是蓬蒿人。"中年李白经过多年的努力，终于被唐玄宗召入长安。这时候的李白是多么意气风发啊。

③ "云想衣裳花想容，春风拂槛露华浓。"李白本来以为可以一展抱负，没想到最主要的工作却是给皇上写诗词以供娱乐。即便如此，李白看到观赏牡丹花的杨贵妃后，仍然写出了千古名篇。

记忆力的第三个好伙伴：想象

太阳系有八大行星，按照离太阳从近到远的顺序依次是：水星、金星、地球、火星、木星、土星、天王星、海王星。记住这个顺序实在是太难了。但是，我们可以运用想象和联想，把这几个星球的名字编成顺口溜。

水星、金星、地球，可以通过谐音记成"水晶球"；火星和木星，可以记成用火烧木柴的"火烧木"；土星、天王星、海王星可以通过谐音记成"土填海"。这样，八大行星按顺序记就是"水晶球、火烧木、土填海"。这样记是不是容易多了呢？

水晶球　　　　火烧木　　　　土填海

像搭积木一样背书吧!

grandpa, g-r-a-n-d-p-a……

呜呜,怎么就是记不住?!

嗯……也许是记忆方法不对……

上次元杰告诉了我们遗忘规律,你只要根据遗忘规律来背单词,就能记住了。

可是,下节课就要测验,没有时间背了。

元杰,你有没有快速背单词的方法?

不如试试模块化记忆法吧,像搭积木一样背单词!

你什么时候换的衣服?!

搭积木？这么好玩？
快教教我！

模块化记忆就像搭积木一样，先把碎片信息组合成一个个模块，然后把这些模块集合、加工、整理成一个整体。

我们大脑中有 4 个记忆区。当有信息进入大脑时，大脑中的"机器人"把它们放在这 4 个记忆区中处理一下，我们就能记住它们了。可是，如果信息太多、太零碎，"机器人"就要处理很久，还有可能出错。

工作台 A

工作台 B

4 个记忆区

处理信息

如果我们把相互联系的模块打包成一个大包裹，"机器人"处理信息的速度就可以变快，我们记忆的速度也就变快了。

为什么不记成 gran-dpa 呢？

我觉得，gr-and-pa 也很好啊，古人 -and- 爸爸，爸爸的"古人"，就是爷爷！

并非随便怎么打包都能提高效率。就像收拾衣柜的时候，如果你把上衣、裤子、袜子各放进一个包里，需要什么就去相应的包里找就好了。

如果只是随便打 3 个包，那么你需要找一件上衣的时候，还是要把所有包都翻一遍，岂不是一样麻烦？

而且，错误的连接一旦形成，想改正就很困难。比如，grand 的意思是"大的、重大的"，如果你把 grandpa 记成 gr-and-pa，那你就很难理解这个单词的意思。

所以，打包不是目的，将相关的信息打包才重要。比如你记住 grandpa 之后，就可以很轻松地记住另一个单词——grandma！

这样确实好记了。不过，通过 3 个模块记住 2 个单词，好像没有简单多少。

53

那是因为你脑袋中的包裹还太少。这就像搭积木一样，你如果只有几块积木，就只能搭出几种简单的组合。但是，你如果有很多形状不同的积木，就可以搭出无数种复杂的组合。

你大脑中的每一个模块都像一块小积木，它们有不同的形状。当模块少的时候，你可能不会觉得这种记忆方法让你记单词变轻松了，但当模块积累到一定程度时，就会发生质变。

比如，我们学英语时经常看到的 port 这个字母组合，作为单词时它的意思是港口，作为词根它有"拿、运"的意思。

airport=air-port= 空港：n. 机场
import=im-port= 往里拿：v. 进口
porter=port-er= 运的人：n. 行李搬运员
transport=trans-port= 从一端运到另一端：vt.n. 运输

只要我们知道 port 的意思，并且记住一些常见的前缀和后缀的意思，再来记忆这些单词就容易多了！

模块化记忆四大优势

· 使我们专注地思考某一方面的问题。
· 使我们脑海中的知识彼此联系，而不会成为一个个孤岛。
· 降低我们的记忆负荷。
· 便于我们依据规律探索未知的领域，举一反三。

一做题就蒙

学义，你怎么了？

我上课时明明听懂了，可是一做题就蒙了。

看来你只是听懂了，但并没有理解。

怎么可能?! 我觉得我理解了呀。

哈哈，算了，别想了，赶紧回家吧。

这本书讲什么的呀?

这本书特好看,讲的是一件密室失窃案。书里讲到店铺的门窗都是紧锁的,珠宝居然不翼而飞……

那小偷是怎么制造密室的呢?

就是……就是……

就是用了什么诡计吧……

哎呀,我怎么想不起来了?看书的时候我明明觉得那一段很精彩的。

可我一问你故事的细节，你就说不出来了。

没错。

你觉得这像不像刚才你做题对的情形？

我只是忘记了！

这是因为你没有真正理解老师讲的知识，所以转头就忘了。

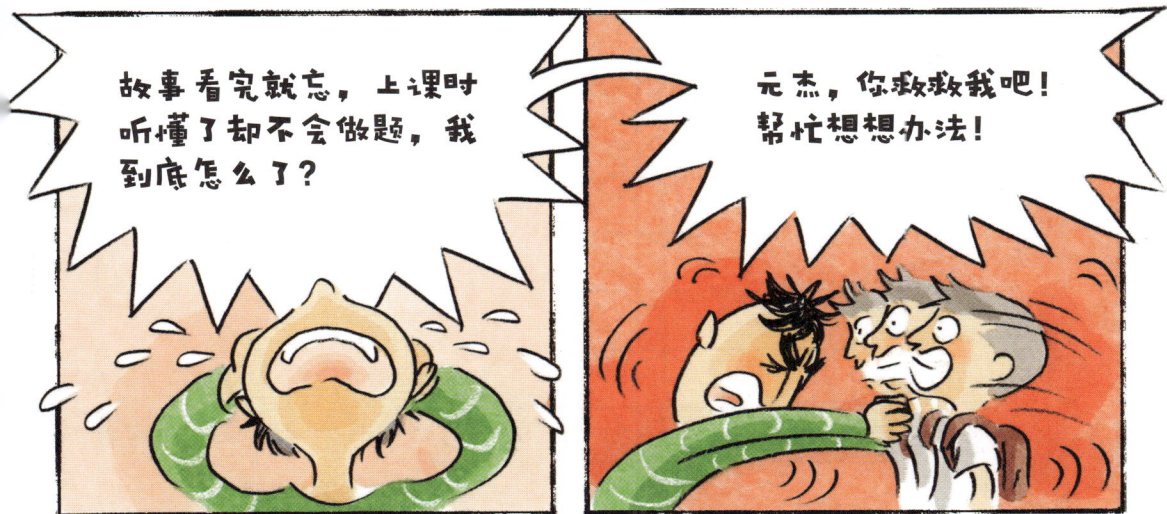

故事看完就忘，上课时听懂了却不会做题，我到底怎么了？

元杰，你救救我吧！帮忙想想办法！

什么是费曼学习法？

明明感觉上课时听懂了，一做题却什么也不会，出现这种情况的原因其实很简单：我们以为的"懂"，只是表面的"懂"。上课的时候，我们是跟着老师的思路思考的，碰到不懂的地方，有老师的提示，我们会觉得很简单。而当我们独立面对问题的时候，我们理解得不透的地方就会显现出来。

有位聪明的物理学家叫费曼，他发现，如果自己能用简单的话教会别人一个知识点，就表明自己真正理解了这个知识点。他据此研究出了费曼学习法。现在很多学霸都在用这个方法。

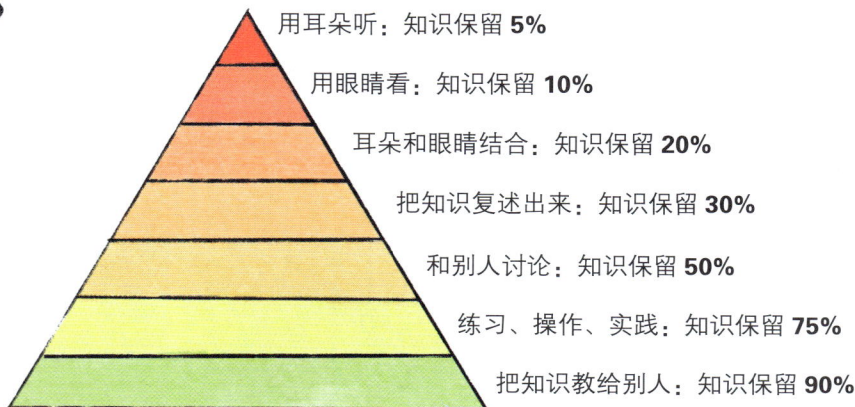

费曼是谁？

姓名：理查德·费曼
职业：物理学家
神奇的履历：
13 岁学完微积分。
24 岁参与"曼哈顿计划"（美国原子弹研制计划）。
33 岁成为美国加利福尼亚理工学院教授。
47 岁获得诺贝尔物理学奖。
"纳米"这个概念就是他提出来的。

你看看这座"学习金字塔"。不同的学习方法有不同的学习效果。"把知识教给别人"是这里面把知识记得最牢的方法。

这不正是费曼学习法吗？！

用耳朵听：知识保留 **5%**

用眼睛看：知识保留 **10%**

耳朵和眼睛结合：知识保留 **20%**

把知识复述出来：知识保留 **30%**

和别人讨论：知识保留 **50%**

练习、操作、实践：知识保留 **75%**

把知识教给别人：知识保留 **90%**

费曼学习法的 4 个步骤

听上去很简单嘛。来，我们开始吧。

今天老师是怎么讲的来着？唉，下次上课要带支录音笔。

让你当老师教别人，可不是让你将老师的话背下来。

那……书上说做两位数的除法第一步要……

也不是让你照着书本来念！

原来当老师这么难啊！

　　心急的学义又闹笑话了。其实费曼学习法有 4 个步骤，只有做对了，方法才有效。

第 1 步：选择一个知识点，并学透它

　　最好将学到的东西写出来。如果写不出来，要回头去看哪里不懂。

第 2 步：像老师一样把知识点教给别人

　　把知识点用自己的话讲给别人听。记住，讲述时尽量使用简单的语言，这能加深你对知识点的理解。

第 3 步：查漏补缺，深入学习

　　如果你在第 2 步中有卡壳的地方，就说明你的学习有漏洞。你应该重新梳理知识点，直至你能用自己的话解释清楚。

第 4 步：简化

　　在顺畅地完成前 3 步之后，你可以试试将知识点讲得简单一点儿、通俗一点儿。

偷记忆力的 3 个小偷

惨了，回家咋交代啊？

你不会一个单词都没背吧？

我背了啊，昨天晚上我背到两点呢。

今天早晨起床后，我连饭都没吃，一路背到学校。

看来你的记忆力被 3 个小偷偷走了。

哪 3 个小偷？我要找他们算账！

第一个小偷：疲惫

　　我们神经系统最基本的元件就是神经元，神经元之间通过一个个像章鱼触手一样的突触相连。可别小瞧了这些突触，它们负责传递信息。正是因为有它们，复杂的神经网络才得以形成，大脑才能指挥我们的身体。研究表明，我们在进入深度睡眠的时候，大脑会一遍又一遍地整理白天学的东西。在这个过程中，大脑的神经元会形成新的突触，神经元之间的连接也会变强，这样，我们就能将学过的东西记牢了。

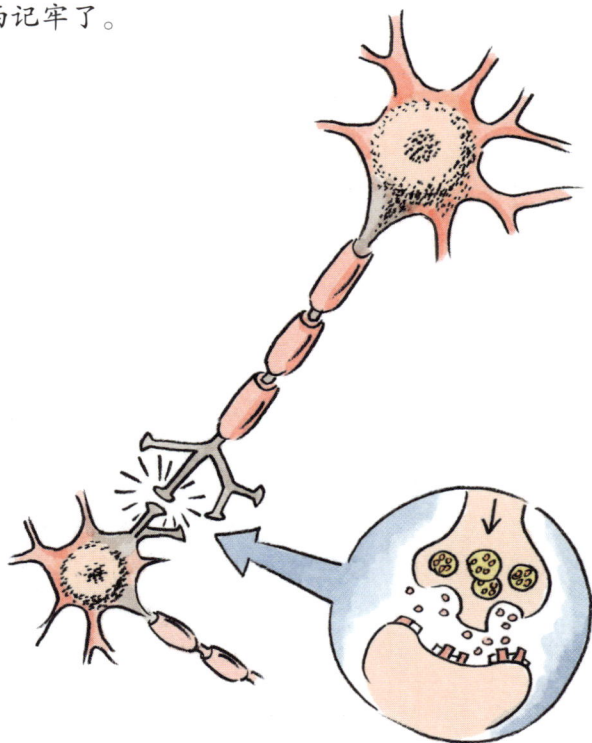

　　可是，如果我们休息不充分，过于疲惫，这些突触就会缩小并消失，我们学过的东西也会被遗忘。

第二个小偷：饥饿

　　大脑在记忆的时候需要消耗很多能量。我们思维越集中，消耗的能量就越多。如果我们处于饥饿状态，身体就会减少对大脑的供能，大脑就会晕乎乎的，好像停止了运转一样。长时间处于饥饿状态还可能损害神经元，对我们的记忆力造成不可逆的影响。

　　所以，用吃饭的时间来背书，真的是得不偿失！

第三个小偷：压力

你是否有过在紧张、焦虑的时候大脑一片空白的经历呢？这是皮质醇在捣鬼。皮质醇是我们的身体在面临压力时释放的激素，它会影响大脑中负责记忆的海马体的正常工作。如果我们长期被压力困扰，我们的身体就会分泌大量皮质醇，从而导致记忆力衰退，甚至可能造成脑损伤。而且，皮质醇长期处于高水平的人患阿尔茨海默病的风险也比较高。

怪不得，我的记忆力都被这3个小偷偷走了，我能记住单词才怪呢。

那要怎么提升记忆力呢？

丁零零——丁零零——

有时间我再告诉你吧。

学会记笔记

同学们，今天我们来讲"守株待兔"的故事……

守株待兔

这个很重要，我要一字不落地记下来。

记笔记太累了，我的手都酸了。

你密密麻麻地写了这么多，看都看不清！

那也比你一个字没写强！

我把知识都记在脑子里了，而且，书里的重点我也做了标记！

那老师补充的和"守株待兔"类似的成语，你记得是什么吗？

我当然记得，就是……是……

65

康奈尔笔记法

我来教你们两种非常有效的做笔记的方法，它们可以提高学习效率。一种叫康奈尔笔记法。

提示栏
- 总结关键词
- 提出疑问
- 记录有助于记忆的提示
- 可以用图表来呈现

用途：简化、背诵
何时填写：课后尽快填写

笔记栏
- 用简洁的文字记录要点
- 用简单的符号突出重点
- 用缩写以提高记录的速度
- 要点间要留有空白

用途：记录课堂上听到的内容
何时填写：听课时

总结栏
- 记录最重要的几点
- 写下心得、体会
- 写成可以快速检索的样式

用途：思考、复习
何时填写：复习时

我来举个例子吧。

长方形和正方形

提示栏
构成四边形的 3 个要素 ——→

周长 ——→

笔记栏
四边形的特点：
1. 有 4 条直边
2. 有 4 个角
3. 是封闭图形

周长 = 封闭图形一周的长度

总结栏
长方形和正方形的特点：
1. 正方形 4 条边都相等，长方形的对边相等；
2. 都有 4 个直角。

九宫格笔记法

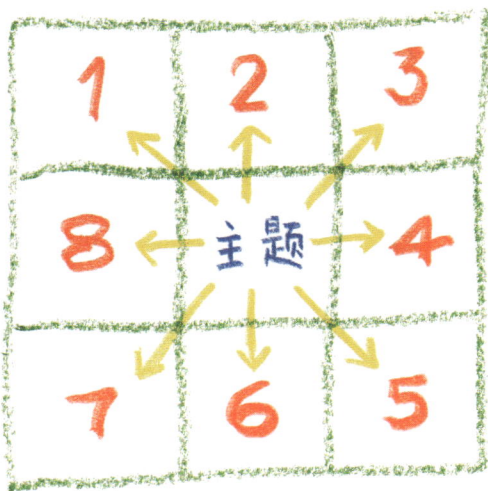

康奈尔笔记非常清晰明了啊。

那另外一种呢？

另一种叫九宫格笔记法，更适合在小组讨论、进行头脑风暴时使用。

1	2	3
8	主题	4
7	6	5

你还是举个例子吧。到底怎么用啊？

比如我们要写一篇主题为"北京之旅"的作文，就可以用九宫格来发散思维、理清思路。

名胜古迹 故宫、长城	美食 北京烤鸭、糖葫芦	传统文化 老北京布鞋、北京方言
玩乐 北京环球影城、 国家自然博物馆	主题 北京之旅	建筑 国家大剧院、四合院
交通 老北京铛铛车、地铁	自然景观 香山、西山	动植物 雨燕、国槐

记笔记的 5 个要点

万法知道了，可是到底记什么呢？

对啊，怎么判断哪些内容该记呢？

很简单，记住 5 个要点就行了。

1 记提纲

每堂课老师都会在黑板上写下这堂课的内容提纲，有了它，你就知道这堂课大概讲了什么。

2 记附加内容

例如下面这些话："这句话是全文的总起句，起统领全文的作用""运用拟人的手法，下雨是水在玩'打击乐器'"……

3 记例题

那数学呢？我觉得好像没什么东西需要记啊！

老师有时候会在课堂上讲一些比较典型的例题和它们的解题技巧，你们知道这样做的目的吗？

启发我们的思维。

举一反三。

对，记例题是提高成绩的有效方法。

4 记疑问

在课堂上我有听不明白的地方，但又不能立刻问老师，该怎么办呢？

你可以下课去问啊。

有时候一下课你就找我聊天，然后我就忘记了。

那个……我不知道嘛。

所以我不明白的地方越积越多了……

其实你当时应该立刻把疑问记在笔记本的提示区，这样即使下课忘了问老师，之后一翻笔记就能看到，再去问父母或者同学就可以了。

每学到一个新知识点，或者一种新解题方法，我都会把自己的心得记下来。

马上解决问题很重要，不要把问题留到明天！

心得可以是我思考的一些问题：
· 这个知识点为什么重要？
· 新解题方法好在哪里？
· 以后看到类似的问题怎么去解决？

5 记总结

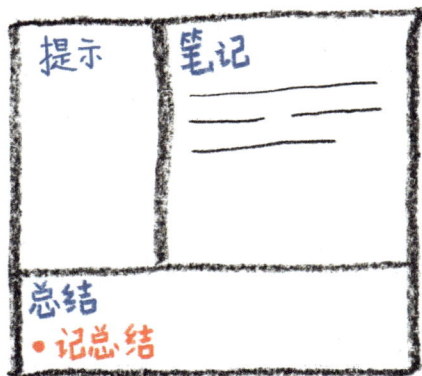

提示　笔记

总结
● 记总结

笔记记好了，千万不要放在一边不管了。温故知新，经常看，笔记才能对我们的学习有帮助。

我的手有救了！

我也不会把书画得乱七八糟了！

一写作业就心烦？

我不想写作业……

我不想写作业！

我不想写作业!!

真不知道为什么要写作业！

为什么有人这么无聊，一边注水一边放水，还要计算时间？

"孤舟蓑笠翁，独钓寒江雪"表达了什么？大冷天为什么要出门呢?!

妈妈做的鸡腿好香啊！

楼下的小朋友们笑得多开心啊！

手机里的视频多有意思呀！

而我却只能像石头一样，坐在桌前，不停地写写写！

积木多么好玩！

赛车多么好玩！

橡皮多么好玩！

看我的橡皮机器人！

当当当，机器人大战恐龙怪！

都是大脑在捣鬼

　　明明知道写作业很重要，但一写作业就心烦，不知不觉就去做别的事情。你也有过这样的经历吧？我们之所以会这样，其实是因为大脑偷偷替我们做了决定。

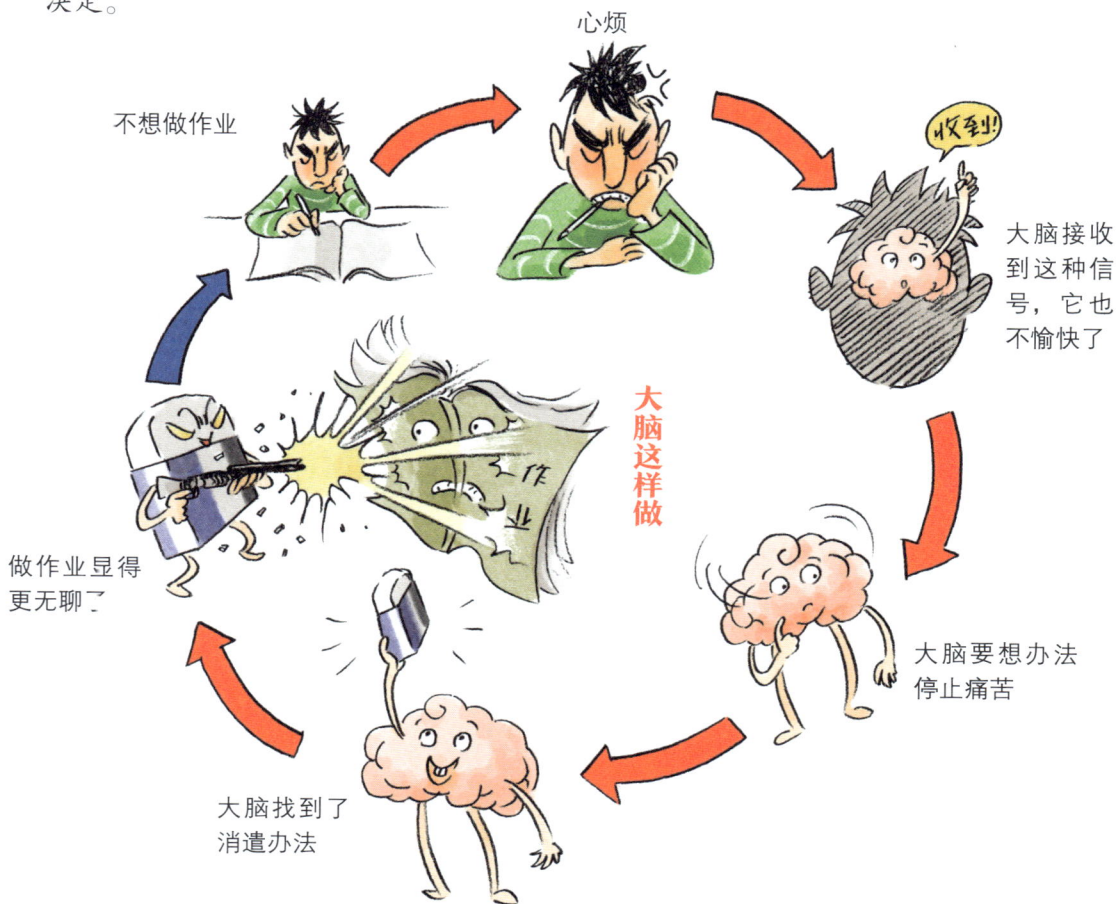

不想做作业

心烦

收到!

大脑接收到这种信号，它也不愉快了

大脑这样做

做作业显得更无聊了

大脑要想办法停止痛苦

大脑找到了消遣办法

　　看到了吗？心烦不是我们的错，是我们的大脑在背后使坏！感到心烦时，你不妨试试下面两个方法，先让自己平静下来吧。

方法1：
放松身心，深深地吸一口气，然后呼出去，重复5次。

方法2：
放松身体，从1数到60，慢慢地进入冥想。

1，2，3，4……

消除诱惑，提高学习效率

大脑的运作模式就像有许多小人儿在里面共同工作一样。如果周围的诱惑少，大脑里面的小人儿就能专心工作，彼此默契配合，这样学习效率就会提高。

可是，如果周围环境太吵闹或者有很多诱惑，小人儿们的精力就会分散，大脑也就没有办法专心工作了，学习效率就会下降。

所以，为了让大脑专心工作、提高学习效率，我们在学习时要尽可能地避免周围出现和学习无关的东西。

试试改变学习环境

　　除了消除诱惑，我们还要尽量让自己在学习的过程中感到快乐。很多人一想到要被束缚在书桌前，就产生了"学习很痛苦"的想法。学习时不一定非得一动不动地坐在书桌前呀，如果适当改变学习环境可以减轻负面想法带来的困扰，为什么不试试呢？快乐地学习，效率自然就能提高。

方法 1：变换学习场所

一直坐在书桌前学习难免会觉得单调。其实，我们可以试试换个地方。

公园里

阳台上

操场边

方法 2：试试走来走去

站起来走一走，身体活动能够促进大脑的血液循环，有助于我们恢复专注力，甚至还能增强我们的记忆力！

我可以站着解数学题。

我可以将要背诵的内容贴在房间的墙壁上，然后走来走去地背诵。

音乐是天使还是恶魔?

　　很多人喜欢边听音乐边写作业，觉得这样可以让写作业的过程变得更快乐。但是也有一些人说，音乐会分散人的注意力，边听音乐边写作业的方法不可取。那么，对小学生来说，写作业时到底应不应该听音乐呢?

　　毫无疑问，音乐可以让人放松并且感到快乐。但是，研究表明，当你需要记忆，或者需要专注思考的时候，音乐会干扰你的思路。不过，如果你的作业更需要创造力而非记忆力，那么音乐对你的影响就不大。

一动不动就是专注吗?

昨晚你预习了吗?老师说今天要讲的内容有点儿难。

有什么好预习的,多浪费时间。我上课认真听,一样听得懂!

你就吹牛吧。

这堂课我一定认真听讲,要比建雄学得更明白。

丁零零

例题:

$$2\overline{)256}$$

唰——

下节课就是体育课了,嘿嘿!

刚刚老师说了什么？4从哪里来的？

学义不会真的在认真听课吧？

学义,我好饿啊,你饿不饿?

我也饿了！午餐要是有鸡腿就好了……

咕……咕……

丁零零——丁零零——

写上8,这道题就解完了。

啊？我又没注意听！

你刚刚为什么不理我？

我听课可专心了，才没空理你呢。

这个……我听漏了。如果没听漏，肯定比你明白。

真的假的？那你给我讲讲这道题吧。

哼！还以为你多专心呢。

我明明一动不动地认真听课了，连建雄找我聊天我都没理，为什么还是会开小差呢？

什么是真正的专注?

昨天的作业我忘记带过来了……

你已经不是第一回忘带了。

都怪妈妈催我洗澡,一着急我就忘了。

那也是因为你专注力不够。你一被周围的事情干扰,就会忘记自己该做什么。

　　上课的时候总是忍不住东张西望,摸摸这儿碰碰那儿,这无疑是缺乏专注力的表现。可是,有时候明明一直老老实实地坐在课桌前,却仍然什么都没学进去,这是为什么呢?

　　真正的专注并不是一动不动,而是充分调动视觉、听觉、触觉等感觉,还要保持思考,虽然看起来一动不动,但大脑在飞速运转。要想做到真正的专注,你需要做到以下 3 点:

　　1. 有明确的目标,比如上每节课时都知道自己要学习什么内容。

　　2. 专注的时间足够长。

　　3. 用心思考,比如在课堂上跟着老师的思路去思考。

多与问题打交道，我们会变得更专注

　　预习的时候多发现问题，我们在听课的时候就会更有针对性；听课的时候多思考问题，有助于我们把握重难点和易错点；老师提问的时候多举手回答问题，我们会更容易跟上老师的思路。发现问题、思考问题、回答问题，是提高专注力的秘诀。

你可以在预习时多问自己几个问题。这几个是我经常问自己的问题。

1 为什么这个词会用在这里？

嘿，咱俩长得好像呀！

2 我觉得这段话描写得很有趣、很生动，作者是怎么做到的呢？

3 这个字和之前学过的一个字很像，它们有什么联系呢？

4 想想上节课老师提的发散性问题是否和这一课的某个知识点有关？

请同学们课后思考这个问题……

关于专注力，还要知道这些

1 小心专注力耗尽

  人的专注力是一种心灵能量，它就像电池的电量一样，如果一直消耗，很快就会耗尽。所以，当老师讲我们非常熟悉的内容时，我们可以适当放松一下。

2 记得"补充"专注力

  除了避免专注力的过度消耗，我们还要及时"补充"专注力。例如，在课间就不要看书啦，这样做只会消耗专注力。

3 有时候，越"吵闹"，越有益于提升专注力

  有时候，"吵闹"能让我们更专注。上课积极回答问题、在小组讨论中踊跃发言，这些行为可以充分调动眼、耳、口、手、脑，让我们学得又快又好！

一练琴就坐不住?

我今天一定要拼好这辆车!

你都玩了半小时了,该练琴啦!

哪有,我才玩了几分钟!

什么几分钟!你看看几点了!

求你了,妈妈,就差车顶了。8点,8点我一定练琴!

这可是你说的,一定要说话算话!

丁零零——

8点了,去练琴!

怎么这么快,我觉得只玩了5分钟啊!

学义，我刚学会弹一首超难的曲子，你要不要听？

你怎么这么喜欢练琴？每次练琴我都觉得度日如年。

怎么会呢？每天练琴的时候我都觉得时间过得飞快。

我只有在玩积木的时候觉得时间过得飞快……

每次练琴，手指跟着旋律起舞，我就觉得世界上只剩下我和音乐，太美妙了！

心流？我只听说过流心巧克力。

这就是心流状态。

什么是心流？

很久以前，有位叫米哈里的心理学家发现，艺术家在创作的时候心理状态非常奇妙——他们可以忘记时间，忘记吃饭，忘记睡觉。

接着，他又发现科学家也有类似的经历；还有运动员和作家，他们在专注训练和写作的时候，同样会进入高度专注和全情投入的状态。米哈里把这种状态称作心流状态。

人一旦进入心流状态，大脑的潜能就会被激发，专注力、效率、创造力都会在短时间内大幅度提升。

心流是一种什么样的体验？

心流是好东西啊，我也很想有。

刚刚拼积木的时候，你就已经体验过了呀。

你明明已经玩了半小时，却觉得只玩了几分钟，记得吗？

对呀！那我怎样才能在练琴过程中也进入心流状态呢？

啊？有吗？

当时你为什么会沉浸在拼积木当中呢？

因为我很想拼装出一辆梦想中的汽车！

那你觉得怎样才能拼出这辆汽车呢？

看，底盘和车身前几天我已经拼好了……

只剩下一些小部件，我刚刚就想继续拼好。

你不觉得这么复杂一辆汽车拼起来太难了吗？

不会啊，普通的汽车我还嫌简单呢。

可好几次因为结构太复杂，你很久才拼成功哟。

找到出问题的那几块积木才有成就感呀！

怎样的任务容易使我们进入心流状态?

梦琪，你进入心流状态时有什么感受?

弹钢琴进入心流状态时，我全神贯注，非常兴奋和充实，感觉时间过得非常快。

满足以下条件的任务容易使我们进入心流状态。

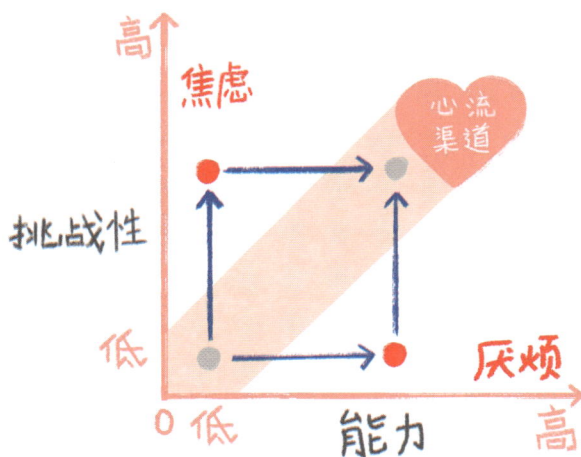

1 难度适当

如果任务太简单，我们就会感到无聊；如果任务太困难，我们就会感到焦虑，从而丧失兴趣。只有当任务带来的挑战和我们的能力相匹配时，我们才能全身心投入。挑战和能力之间的关系可以用左边这个心流模型来解释。

2 目标明确

当我们有一个明确的目标后，大脑就会将注意力集中于我们所做的事情。

那么，你现在练习的目标是什么呢?

我想通过 5 级考试，所以现在每周都会学习弹两首新曲子。

那么，你怎么知道自己弹得对不对呢？

每次上课，老师都会告诉我哪里弹得好，哪里进步很大。这让我弹得越来越好。

即时反馈能让我们在完成每一步之后，马上知道自己做得有多好，从而增强自信心，并且获得完成任务的乐趣。

如果老师让你一直反复弹奏最简单的曲谱，会怎么样呢？

那如果让你一开始就拼装复杂的汽车呢？

那太无聊了吧！

估计我拼不出来。

当投入到自己的兴趣爱好时，你是不是也会高度专注并沉浸其中，以至于忘记时间的流逝？这就是进入了心流状态的样子。

相信自己，就能做到

你就当是在洗脸嘛，哪有这么夸张。

太可怕了，我不学了！

那你先扶着这块板学怎么划水吧。

这也好可怕……

滑

救命啊——

拜托，你伸直腿就能站起来了……

我肯定学不会游泳……

晶晶好厉害啊，就像美人鱼一样。

你的鼻子不会进水吗？水从鼻子进到脑袋里，人会变傻的。

哈哈哈，怎么可能？

我从来没有过这样的担心，我一直想着"我一定能学会"，结果真的很快就游得很好了。

我一定能学会？

吸引力法则

"我一定能学会"是一句拥有神奇魔力的话。心里想着它，我们会更容易实现自己的学习目标，更快学会自己想学的东西

听起来很玄妙吧？其实这是有心理学依据的。吸引力法则，又称吸引定律，简单来说就是我们头脑中想什么，就会吸引来什么。晶晶心里想着自己一定能学会游泳，然后她为了实现这个目标很努力地学习，遇到困难也不怕，自然就学会了。

我一定能学会！

这点儿小困难我能克服。

果然学会了！

而梦琪总想着放弃，于是遇到一点儿小挫折，先想到的就是自己办不到、要放弃 结果自然就学不会游泳了。

所以，你的信念在很大程度上影响着你的行动和事情的走向。

我肯定学不会……

游泳太难了……

我果然做不到……

如何运用吸引力法则实现目标?

其实，我们每时每刻都在运用吸引力法则，只是我们并未意识到它的存在，比如你现在正在阅读的这本书也是你吸引来的。因为你期待成为更好的自己，所以你拿起了这本书。

吸引力法则运用起来很简单，只需3步：聚焦、相信和行动。

1 聚焦，先明确目标

一个明确的目标能给你力量！记得为你的目标设定最后完成期限。

你花了多长时间学会游泳？

我花了7天。

我决定了，我要在10天内学会游泳！

2 相信，将目标形象化

将目标画出来是一个强化信念的好方法。

我相信自己，我一定能学会！

3 付诸行动，找到实现目标的方法

特别提醒一下，不学习还希望考出好成绩，这不是在运用吸引力法则，而是白日做梦。无论多么小的目标，都必须靠行动才能实现。

从现在开始，按上面的步骤有意识地训练自己吧。训练得越多，心中的信念就越强烈，专注的时间也越长，这样吸引力也就越强大！

叮——来信息了

人之初性本善，不写作业是好汉。

我说人之初性本善，不写作业是……是笨蛋……

你说什么?!

我已经学会很多管理时间的好方法了，看我两个小时就完成作业！

白天说好要借我看的漫画书，你可别忘了带。

哎呀，差点儿忘了。

放心吧，已经放在书包里啦。

有信息提醒却不点开看，好难受啊！我看看又是谁。

一场比赛进 3 个球，还有谁比我强！

♡ 💬 ♡1💬1

3 个球里 2 个乌龙球，还好意思说。

我是正常回传，都怪守门员走神儿没接住！

气死我了。

流行歌手容小小新歌发布。

哇，我最喜欢的歌手的新歌，我听听！

叮——

我怎么又在看手机……

学义啊学义，说好要认真学习呢！

嘀呖——嘀呖——嘀呖

一分钟后

写出 3 个和帽子有关的成语……张冠李戴、衣冠楚楚……还有什么啊？用手机查查……

和帽子有关的成语   搜索

怒发冲冠、沐猴而冠等。

足球巨星 D 罗

啊，还有怒发冲冠、沐猴而冠……哇，足球巨星 D 罗上演帽子戏法？

真帅气！我也想学倒挂金钩。

如何练好倒挂金钩？   搜索

半小时后

天啊！我怎么又刷手机了？！

96

为什么我们玩手机停不下来?

学义明明知道应该专心做作业,可为什么总是不知不觉就玩起了手机呢?因为我们的大脑也会偷懒。只要我们对写作业表现出一丁点儿抗拒,大脑就会自动帮我们寻找更省力的事情,比如看漫画、玩玩具、玩手机。对大脑来说,做这些事情可比做作业轻松多了。

那么,手机是如何让我们上瘾的呢?和写作业不同,当我们打开手机,尤其是打开短视频软件的时候,绚丽的画面和美妙的音乐会刺激我们的视觉和听觉,让我们的大脑感到愉悦。我们永远不知道接下来出现的信息是什么,每一条新信息都像一块味美的糖果,吸引我们不断探索。

不过,一直玩手机的话,新信息对大脑的刺激会逐渐减弱。那么,玩手机的欲望会因此消失吗?不会!大脑只会通过延长玩手机的时间来获得更多快感。

如何避免时间被手机吞噬?

1 做正事之前，把手机拿走!

把手机拿走，就这么简单吗? 没错，就这么简单。

你一定有过这样的经历吧? 明明应该跑步却不想跑，给自己找了很多借口，一天推一天。可是，一旦穿好衣服下楼开始跑，你就觉得坚持下去其实并不太难。

这是因为抗拒心理并非贯穿于执行任务的整个过程中，它通常集中出现在任务开始的那段时间，特别是任务刚开始的 40 秒内，此时我们抗拒心理最强，渴望停下来去做一些更有吸引力的事情。

所以，在开始学习的时候，我们一定要保持专注至少一分钟，并远离让我们分心的事物，比如将电子产品、玩具、漫画书之类的东西放在别的房间，或者收在柜子里。

写下让你分心的事物吧!

2 休闲时，控制玩手机的时间

即使用手机来娱乐的时候，也要严格控制时间。不然，我们很容易进入"无限循环模式"：点开一个链接后，又被里面的另一个链接吸引，于是不断地点击……

这种每天重复许多次的行为会让大脑养成快速获得快乐的习惯，这会导致我们集中注意力的时间越来越短，从而难以应对需要保持专注的学习任务。

如何提升专注力？

步骤 1：统计当前的专注时长

用计时器记下你每次专心写作业的时长，记录 3~5 天，然后计算出这些数值的平均值——这就是你当前的专注时长。

步骤 2：努力延长专注时长

如果你当前的专注时长是 20 分钟，那么你可以试着坚持 25 分钟。

> 今天再延长 5 分钟。

步骤 3：别忘了给自己"充电"

就像手机需要充电一样，我们的大脑也需要"充电"，因为保持专注会消耗很多能量。在保持专注一段时间后，做一些喜欢的事来放松一下吧！

> 这些都是我喜欢的活动。你喜欢什么呢？

远足　　　　　跑步、打羽毛球等　　　　听音乐　　　　画画、做手工或者下棋

把你喜欢的活动也写下来吧：＿＿＿＿＿＿＿＿＿＿＿

书上的东西都是对的吗?

学义,在看什么呢?这么入迷。

信不信由你

这本书里有好多冷知识,可好看了。

你知道吗?宇航员在太空中用肉眼就能看到长城!

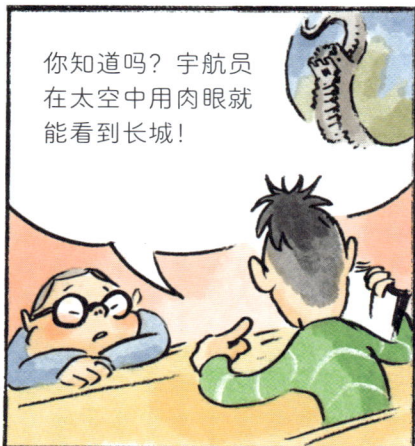

真的假的啊?太空可是离地球很远很远的。

可是长城很长啊,能看到也正常吧?

我记得一个视频中杨利伟说,他没有看到长城。

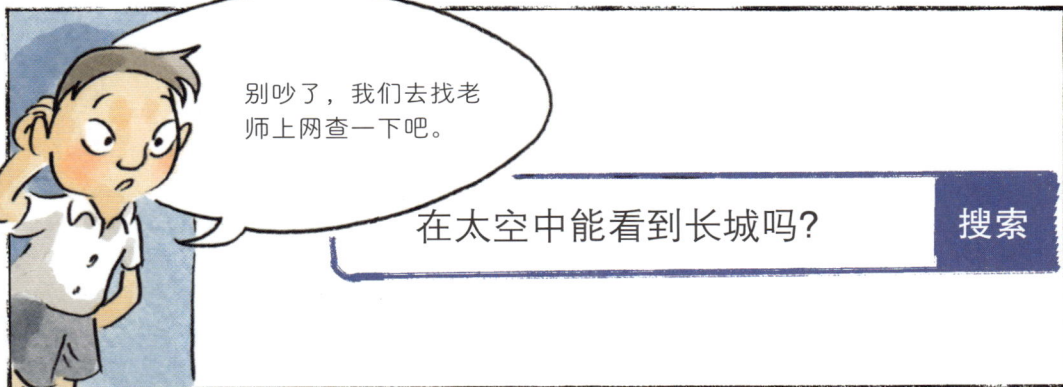

虽然他没看到，但是可能别人能看到呢。

400千米

别着急，我们可以推算一下。中国空间站距离地球 400 千米。长城虽然很长，但是宽度通常不到 10 米。在太空中看到长城的难度相当于在 10 米之外看清一根头发丝。更何况，在太空中看地球还会受到大气层遮挡，想要看清地表的长城基本是不可能的。

也有道理……可是，为什么书会出错呢？

在太空中能看到长城的说法来自很久以前的一本书。那时候人类还没有上太空，作者想当然地猜测在太空中能看到长城。虽然现在很多人知道在太空中看不到长城，但是流传了那么久的谣言是很难消失的。

权威效应

你是否也觉得书上的内容一定不会错呢？其实，这就是权威效应在作怪。因为你觉得图书是一种权威的媒介，所以对书上的内容深信不疑。其实呀，就算是教科书也不能保证绝对正确，这主要有两方面的原因。

1 科技日新月异，过去的理论或观点有可能被推翻，但已经出版的书可能还没来得及修订，在这种情况下，书上的内容就不一定是对的。

旧知识	古希腊有学者认为地球是宇宙的中心，宇宙中的天体都围绕着地球转动。
新知识	地球只是太阳系中的一颗行星，地球围绕太阳转动。

2 图书编辑在对书稿进行编辑加工的过程中，如果工作不细致，同样会出错。

孟子说过一句话："尽信书，则不如无书。"今天我们在书上看到的一切，有可能是正确的，有可能是错误的；也有可能现在是正确的，但是在未来的某一天会被推翻。所以，读书时应该加以分析，不能盲目地相信书本。

这张图有什么问题吗？

田忌赛马

根据考古发现，春秋战国时期还没有马镫，这张图明显是错误的。

聪明地选书

太烦了，又不能全信，又不能不信。我到底要怎么读书呀？

我们可以带着批判性思维读书。

人类文明之所以能够不断发展，就是因为我们有继承前人智慧的方法，这个方法就是读书。所以，从书上学习知识非常重要。只不过，我们应该选择一些可信度高的书，这样的书出错的概率小得多。

以后我再也不相信书了，凡是书上写的、老师教的，我都要批判！

孟子说不能全信，没让你全不信呀！你这样想可不对。

那么，应该怎样选书呢？首先，要考虑图书的专业性。例如，由真正的宇航员创作的太空科普书，一般比不知名作者创作的同类图书更可靠。其次，要考虑图书的时效性。例如，去年出版的太空科普书，可能就比100年前出版的同类图书更可靠。

如何培养批判性思维？

批判性思维是一种能力，具有批判性思维的人善于质疑和求证，能通过提问和分析推理等方式去筛选和消化信息，并进一步对信息进行深入挖掘，从而从多个维度获取可靠的知识。元杰在网络中搜索"在太空中能看到长城吗？"这个问题的答案就是一个求证的过程。下面这些练习能够帮助你培养批判性思维。

1 就一个话题和朋友进行理性辩论

生产力过剩、牛奶卖不掉的时候，资本家宁愿把牛奶倒掉也不免费发放给穷人，真的太坏了！

直接倒掉牛奶只损失了生产牛奶的钱，如果把牛奶免费发放给穷人，还要损失消毒、包装、运输的钱，如果是你，你会怎么做呢？

你觉得谁的观点更有道理呢？你有没有其他观点呢？

2 学会批判式提问

比如碰到一个结论，我们可以针对它进行批判式提问。

○为什么他下了这个结论？
○这个结论有证据支持吗？
○证据来源是什么？
○证据可靠吗？

以这样的方式多问几遍，我们就能一层层剥开问题的外壳，直指其本质。慢慢地我们会发现，自己解决问题的能力变强了。解决问题的能力在未来社会可是一项非常重要的能力。

这道题怎么没有答案?

我现在把答案发下去,大家自行改错,明天我再给大家讲解。

原来这道题选 A……

人类根据苍蝇复眼的结构特点发明了复眼照相机。还有哪些发明用到了类似的方法?

看看答案是什么……啊? 怎么没有答案呢?

哈哈! 可以少改一题,早点儿去玩了!

谁说没有答案就不用改了?

咱俩对一下,你是怎么解答的?

学义

根据鸟类的飞行特点，人们发明了飞机。

梦琪

根据萤火虫的发光原理，人们发明了日光灯。

我们的答案不一样，谁的对呢？

去看看元杰的。

我跟元杰答案是一样的，看来我们俩才是对的！

老师真是的，不给答案还让我们自己改错！

其实这种开放性问题是没有标准答案的，学义的答案也是对的。

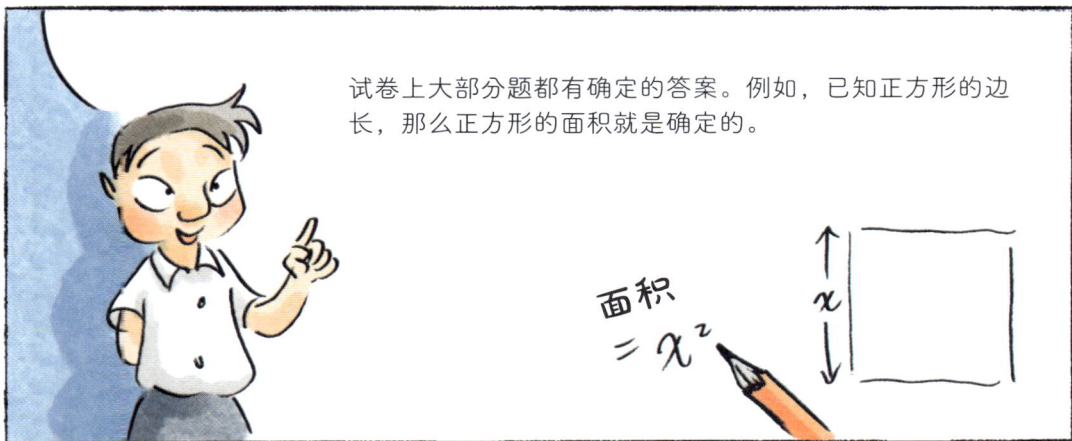

试卷上大部分题都有确定的答案。例如，已知正方形的边长，那么正方形的面积就是确定的。

面积 $= x^2$

但是，在我们的人生中，大部分难题都没有标准答案。例如，上大学后要选择什么专业，大学毕业后去大城市还是小城市工作和生活，都需要自己做判断。所以从现在开始，我们就要适应没有标准答案的问题。

没有标准答案，那怎么判断对错啊？

虽然我不知道答案，但是我可以提供一个寻找答案的方法——类比。

类比思维

类比是一种推理方法，根据两种事物在某些特征上的相似，做出它们在其他特征上也可能相似的结论。对于没有标准答案的情况，我们可以将其与其他我们熟悉的情况的解决方案进行类比，并对之前的方案加以调整，说不定答案就出来了。

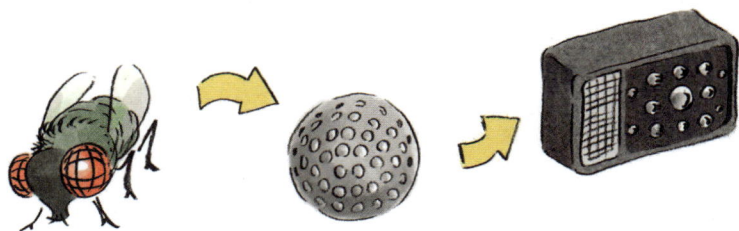

前面故事中的问题换个说法就是：有哪些发明是人类根据动物的身体特点发明出来的？

所以，"飞机是根据鸟类的飞行特点发明的""日光灯是根据萤火虫的发光原理发明的"这两个答案都是对的。

其实，类比思维不仅仅适用于没有答案的题目，在遇到其他题目时，只要从熟悉的思维框架中提取出解决问题的思路，把自己的构想跟类似的方案联系起来，思维就灵活起来了。

请看下面的两道题，你能参考左边的解题思路来解答右边的问题吗？

> 每天吃 3 次，每次吃 2 片，这瓶药可以吃多少天？

150片

先算每次吃 2 片，能吃多少次：
150÷2=75（次）
再算每天吃 3 次，能吃多少天：
75÷3=25（天）

> 每行 6 株，5 个小朋友去浇花，平均每人要浇多少行？

150株

先算每行 6 株，共有多少行：_____
再算 5 人浇花，每人浇多少行：_____

提升类比思维能力的小练习

　　我们可以设计一些小练习，有意识地去发掘不同事物之间的关联，从而提升类比思维能力。请试着回答以下两个问题。记住：这两个问题没有确定的答案，你只需做出符合逻辑的判断即可。

1. 请从下面的物品中找出两件与空调有类似功能的物品，并说明理由。

请写出你的理由：

_____

_____

2. 你能写出空气和水的类似之处吗？写得越多越好。

_____

_____

_____

_____

有没有一定正确的事情？

知了……知了……

学义，你在干吗呢？

我要把这些烦人的昆虫都捉走！

111

这太残忍了。

书上说知了会吸食树根和树干中的汁液，阻碍树木生长！我这是为民除害！

那蝴蝶呢？

它招谁惹谁了？

你别看蝴蝶现在这么漂亮，好像很善良一样，其实它们小时候坏着呢。

你别胡说！

我没胡说！

蝴蝶还是毛毛虫的时候，是吃树叶的。

你瞧，这就是它们啃出来的洞。

可蝴蝶长大后，是益虫，能够帮植物传播花粉。

还有，知了蜕下的外壳叫蝉蜕，是一种很有用的中药材。

那它们吃植物也是事实。反正害虫就能抓，我做得没错！

它们不是害虫！

它们就是害虫！

辩证思维

你是赞同学义的看法，还是赞同梦琪的看法？还是觉得蝴蝶和蝉既是害虫，也是益虫呢？如果你选的是第三种，那么恭喜你，你具有辩证思维，知道世界上没有绝对正确的事情。

辩证思维是一种以变化发展的视角认识事物的思维方式。这种思维方式能让我们更全面地看待问题。

> 因为知了吵到我午睡，所以我很讨厌它。

> 这夜晚的蝉鸣，让我感受到了人间的美好。"明月别枝惊鹊，清风半夜鸣蝉。"

辛弃疾

1 面对同一事物，不同的人在不同心境下会产生不同观点，我们要学会多角度看问题。

> 哇，好美，我最喜欢蝴蝶了！

> 啊！恶心的毛毛虫！

2 同一事物在发展的不同阶段也可能呈现不同的状态。我们要学会用发展的眼光看问题。

> 好美！

> 今年的收成可怎么办呀？

3 同一事物在不同环境中出现会造成不同的结果。

区分事实和观点

要想拥有辩证思维，先要做到区分事实和观点。事实就是事情的真实情况，它能被证明是真还是假，观点则是观察事情时所处的位置或采取的态度。

比如"今天很热"这句话就是观点，因为不同的人对冷热的感觉是不同的。"今天的最高气温是30℃"才是事实。

我们如果分不清事实和观点，就很难做好阅读理解和写好议论文，因为我们很难抓住事物的本质，也很难证明自己的观点。当我们弄清了事实和观点的区别后，我们对外来的信息就不会照单全收，而会经过独立思考做出判断。

来做一下下面这项小练习。如果你认为陈述的是事实就在后面填"F"，是观点就填"O"。

	冰激凌真好吃。		冰激凌是奶制品。	
	学义是个小学生。		学义很调皮，上课不专心。	
	足球是圆的，黑白相间。		足球是一项伟大的运动。	
	这个苹果很红。		这个苹果应该很好吃。	
	他打着领带，穿着西装。		他是白领，因为他穿着西装、打着领带。	

学习也需要有辩证思维能力

看看下面这道题，你觉得它有几个答案？

$$2(\quad)2=4$$

答案有两个：2+2=4，2×2=4。

你可能觉得这道题很简单。不过，随着学科内容的逐渐深入，你会越来越多地遇到这种"一题多解"的情况。在知道一种正确答案的同时，你最好也多了解其他正确答案，这样，你的思维才不会固化。你甚至可以把不同的解题方法结合在一起，想出符合自己思维习惯的、可能更简捷的新解题方法。

要想具备这种辩证思维能力，就要多读书、多思考、多提问，扩大信息来源。

例如，如果你只看过"孟姜女哭长城"的故事，就会认为秦始皇只是一个暴君。可是，如果你知道长城在一定程度上抵御了北方游牧民族的入侵，对统一中国起到了重要作用，那你对秦始皇会不会有更全面的认识？

信息1：孟姜女哭长城。
结论：秦始皇是暴君。

信息1：孟姜女哭长城。
信息2：长城抵御了北方游牧民族的入侵。
信息3：秦始皇统一了文字、度量衡。
结论：秦始皇做过残暴的事情，也做过有助于统一的事情。他是暴君，也是千古一帝。

辩证思维能力是可以培养的。拥有辩证思维能力后，你将变得更理智、更豁达。

和朋友一起学习真好

你看，我这片叶子超大！

我这根树枝也很好看！

走，去我家吧。

嗯，咱们回去做书签。

还是先做数学作业吧。

元杰真的好严格……

哇！你这么快就做到这儿了？

不行，我也要写快些。

数学作业做完啦，该做书签了吧？

还有英语呢。

元杰好努力啊，我也做英语作业吧。

所有作业都做完啦，赶紧做书签吧！

啊！为什么不是先做书签啊！

可以啊，不过在这之前，我们练 300 下跳绳，比比谁先完成。

我开始了哟，你再不赶紧开始，就要输啦。

你要赖！

300！

299！

298！

没想到今天这么快就写完作业了。

而且连体育练习都完成了。

是呀。现在我们来做书签吧！

元杰，你是魔鬼吗？你怎么把老师留的作业都记得那么牢！

看到你这么努力，为什么我会不好意思偷懒呢？真奇怪！

社会促进效应

你有没有发现，如果你约好了和小伙伴一起早起、跑步、写作业，那么明明你觉得今天不想早起、不想跑步、不想写作业，可一想到小伙伴已经热火朝天地在做这些事了，你就不好意思偷懒了。

其实，这是社会促进效应在起作用。我们做某一件事情时，如果是和别人一起做的，或者有其他人在旁边观察，那么我们做事的效率就会提升，因为我们希望获得他人的关注和好评。正是这种潜在的竞争心理让我们学习效率更高、学习效果更好。

我就是这样，为什么呢？

我一定要做得更好！

如何提高结伴学习的效率?

要想提高结伴学习的效率,你可以采取以下几种方式。

1 寻找有学习意愿的朋友

如果你和你的朋友都更想一起玩耍而非学习,那你们在一起可能会产生负面效果。

> 学习好累,好想玩游戏。

> 我也是。不然……

K.O.

2 讨论

遇到问题时和朋友讨论,不仅有助于你们快速得到答案,而且能够促使你们产生新思路。

> 你说我们做什么样的书签呢?

> 我想做一枚叶脉书签……

> 制作方法好像挺复杂,我们上网搜搜……

> 第一步是要这样子……

3 模拟老师讲课

前面讲过的费曼学习法还记得吗?现在用起来吧!大家轮流扮演老师去讲授知识,这样大家就都能全面而有效地掌握这些知识了。

④ 你问我答

一个人背课文很枯燥，如果和朋友一起背，你问我答，回答不出来时互相提示，这样不仅能让你们记得更快，还能促进良性竞争、刺激思维、强化记忆。

⑤ 加入趣味游戏

谁规定学习时一定要端正地坐在书桌前呢？办个读书会、将数学应用题变成数学游戏、通过戏剧表演的形式学英语等，都会让学习变得更加有趣。

小贴士：

如果不能和朋友聚在一起学习，利用网络摄像头同样能起到结伴学习的效果和互相监督的作用。

元杰要是发现我不专心，一定会嘲笑我的。

努力一定会有回报

建雄——你该减肥啦！

我不行了——

12个了，还差4个就及格了，加油！

你得肚子用力啊，不是嗓子用力！

啊——

没希望了，两周后的体育测试我肯定不及格。

还有两周时间，赶紧练啊。

没用的，我上周连续练了3天，一点儿进步都没有。

你回家再试试嘛！

要不我再试一次吧……

估计我就是天生肚子大，做不了仰卧起坐。

妈妈，帮我记一下时间吧。

丁零零——

还是12个，一点儿进步都没有。

还记得"只要功夫深，铁杵磨成针"的故事吗？

妈妈，你是不是想说只要努力，就一定会有进步？

对呀，你要对自己有信心。

接下来的两周

12

13

15

体育测试当天

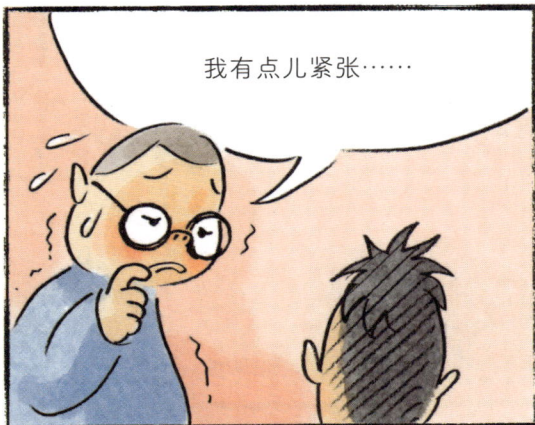

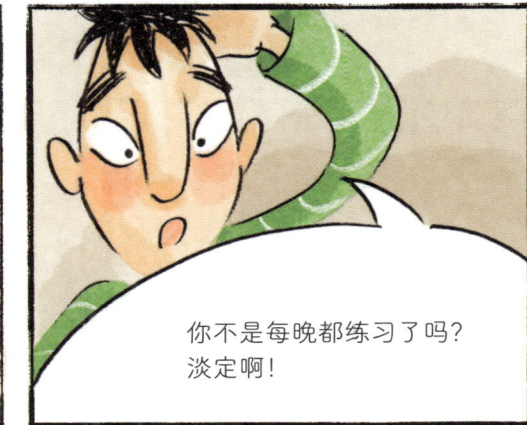

一分钟仰卧起坐，16 个及格，48 个一百分！

我有点儿紧张……

你不是每晚都练习了吗？淡定啊！

飞轮效应

你相信努力一定有回报吗？"明明很努力了，但还是没成功，我再也不要努力了。"你有过这样的想法吗？我可以很肯定地告诉你，不努力一定不会有回报，只要努力了，你就在成长。

有一种发动机零件叫飞轮。要让静止的飞轮转动起来，需要花很大的力气。花的力气越大，飞轮转得就越快。当它的速度达到一个临界点之后，我们不需要再费多大的力气，它依然可以快速转动。这个现象就叫飞轮效应。

主活中，飞轮效应无处不在。有时候，我们可能觉得一件事情努力了很久都没有结果，但只要再坚持一下，过了临界点，我们就会感到轻松，这是我们之前的努力带来的叠加效应。

什么才是真正的努力?

"我每天都在学习,课间也在看书,但是成绩还是不好,这是为什么呢?"有的同学或许有这样的疑问吧?告诉大家一个事实:看上去很努力,不等于"有效努力"。

现在假设学义为了期末测验做了如下努力,你认为哪个才是有效努力呢?

☐

常常翻看自己厚厚的错题本,错题本上每道题的解析都抄得巨细无遗。

☐

加油,成为更好的自己!

在朋友圈打卡背单词。看起来自律,其实主要是在刷手机。

☐

太简单了,再来一道。

总是重复学习已经掌握了的知识,不愿意去学习不太懂的知识。

☐

这本要买,这本也要买。

买了一堆辅导书,可一个月过去了,书还是全新的。

如果你觉得自己已经很努力了,但是成绩并没有提高,原因或许是你没有用对方法,又或许你只是看上去很努力。如果是前者,那你可以跟老师沟通,找到适合自己的学习方法;如果是后者,你就要停止"假努力"的行为,把时间真正地用在学习上。

不过,如果你上次考了40分,这次考了45分,虽然只有小小的进步,但这也是努力的回报呀。"不积跬步,无以至千里",没有一小步一小步的积累,怎么能到达千里之外呢?

用 3W 法来分析错题

除了有效努力，我们还要做到高效努力。做到高效努力的方法有很多，比如前面提到的费曼学习法、模块化记忆法、康奈尔笔记法、SMART 原则……我们前面讲过的学习方法你都用起来了吗？

现在介绍一种针对错题的学习方法：3W 法。通过一步步深挖 what、which、why，我们可以从根源上把由于学习方法和学习习惯不当导致的错题找出来，改进后我们自然会有进步。

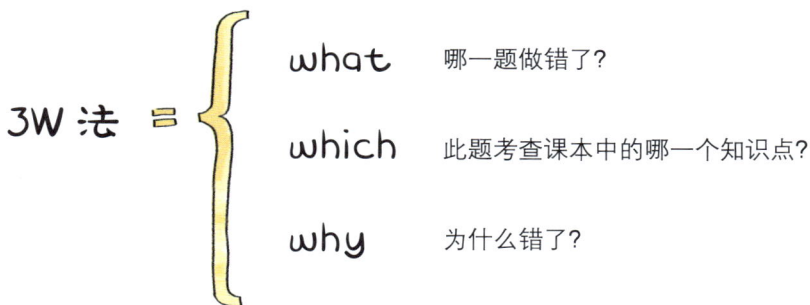

3W 法 =
- what　哪一题做错了？
- which　此题考查课本中的哪一个知识点？
- why　为什么错了？

好了，现在就开始整理你的错题吧。

永远不要怀疑努力的意义。据说，有些竹子在扎根后的几年里，只能生长几厘米，可是只要竹笋长成，这些竹子就能以每天几十厘米的速度快速生长。

我们学习也是如此。不要担心一时一刻的付出得不到回报，因为前期付出的努力都是在为后续学习打基础。

日期：
题目来源：

题目+错解

重要程度：
●○○○○
掌握程度：
●○○○○
原因分析：

知识点/重点：

题型补充/备注

学习是一辈子的事

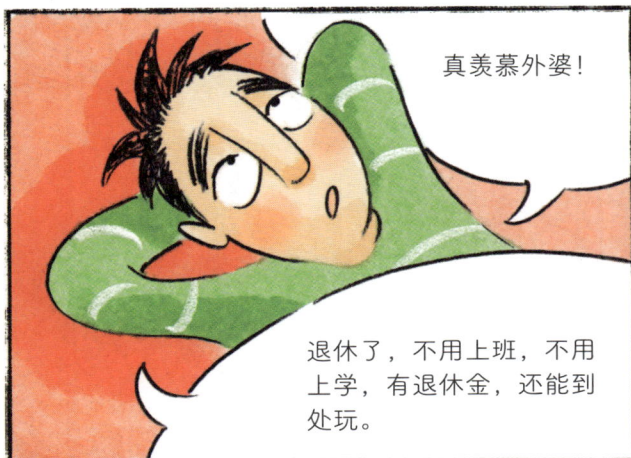

终于放暑假啦!

躺着真舒服!除了躺着,我什么也不想做。

真羡慕外婆!

退休了,不用上班,不用上学,有退休金,还能到处玩。

别说傻话了,要不你给外婆打个视频电话,问问她在做什么吧。

还能干吗?肯定在看电视。

外婆,您在做什么呢?

我在老年大学上课呢。

您要学什么啊，数学、语文吗？

Hello!

我要学的东西可多了。看，这是我在美术课上画的画。

我还学外语呢，我打算明年去国外旅游。

这是我在烘焙课上学做的蛋糕，下次做给你吃。

哇！

外婆也太厉害了吧！您的大学要上几年啊？

我要一直学下去，学习可太有意思了！

为什么要终身学习？

40 年前，会开车的人可以走遍大江南北。

30 年前，英语好的人可以去世界各地做生意。

20 年前，会编程的人创建出了改变世界的网站。

10 年前，会使用移动互联网的人彻底改变了我们的生活……

我们生活在不断进步的社会中，计算机、机器人和其他科技产品都在迅速更新迭代。如今，一个人不会用计算机和智能手机，几乎寸步难行。一些工作岗位还面临着被机器取代的危险。例如，收银员可能会被自助售货机取代，司机可能会被自动驾驶汽车取代。

所以，终身学习不仅能保证我们跟上时代的步伐，还为我们提供了大量机会，为我们打开了职业发展的新天地。

好奇心是治愈无聊的良药

学习不仅是为了以后能获得一份好工作，更是为了满足好奇心。好奇心是治愈无聊的良药。我们一旦养成了学习新东西的习惯，我们的生活就会充满乐趣。人生就像一座神奇的城堡，每一扇门后面都有一个完全不同的新奇世界。学习新东西就像推开一扇新大门，学习得越多，我们的人生体验就越丰富。而且，在更多地见识了有趣的世界后，我们也会对人生更有掌控感、更自信、更能积极乐观地面对未知的一切。

你可能想不到，我们的大脑天生爱学习。每次学习新东西时，我们的大脑都会受到刺激，神经元会建立新的连接。我们对一项技能学习得越多，相关神经元之间的连接就越强，我们使用这项技能时就会越轻松。此外，大量新信息的刺激还能加快脑细胞生长，让大脑具有活力。

终身学习是走好人生路的最佳方法。